8 PILARES DA LIDERANÇA DE CRISTO

CARO(A) LEITOR(A),

Queremos saber sua opinião sobre nossos livros.

Após a leitura, curta-nos no **facebook.com/editoragentebr**,

siga-nos no Twitter **@EditoraGente** e no Instagram **@editoragente**

e visite-nos no site **www.editoragente.com.br**.

Cadastre-se e contribua com sugestões, críticas ou elogios.

ÉRICA BELON

8 PILARES DA LIDERANÇA DE CRISTO

Diretora
Rosely Boschini

Gerente Editorial Sênior
Rosângela de Araujo Pinheiro Barbosa

Editora Júnior
Natália Domene Alcaide

Assistente Editorial
Fernanda Costa

Produção Gráfica
Fábio Esteves

Preparação
Amanda Oliveira

Capa, Projeto Gráfico e Diagramação
Plinio Ricca

Revisão
Mariana Rimoli
Wélida Muniz

Impressão
Plena Print

Copyright © 2023 by Érica Belon
Todos os direitos desta edição
são reservados à Editora Gente.
R. Dep. Lacerda Franco, 300 –
Pinheiros
São Paulo, SP – CEP 05418-000
Telefone: (11) 3670-2500
Site: www.editoragente.com.br
E-mail: gente@editoragente.com.br

Dados Internacionais de Catalogação na Publicação (CIP)
Angélica Ilacqua CRB-8/7057

Belon, Érica
8 pilares da liderança de Cristo : inspire-se no método de contratação do
maior líder de todos os tempos e construa um time de sucesso / Érica Belon.
São Paulo : Editora Gente, 2023.
192 p.

ISBN 978-65-5544-295-3

1. Liderança 2. Jesus Cristo – Liderança I. Título

22-7072 CDD 658.4092

Índice para catálogo sistemático:
1. Liderança

Nota
Todos os trechos bíblicos foram retirados da Bíblia Nova Versão Internacional.

NOTA DA PUBLISHER

Atingir a liderança é divisor de águas nas carreiras profissionais, mas não raro vemos profissionais que não são devidamente preparados para o cargo, que colocam em risco não apenas suas próprias carreiras como também as dos seus liderados e o negócio como um todo.

Nesse cenário, muitas vezes, os processos de seleção e recrutamento são falhos e deixam de lado características importantes que deveriam ser levadas em conta para garantir não só que o candidato cumpra as exigências técnicas, mas que mantenha afinidade cultural com os valores da empresa. São as pessoas que fazem um líder de sucesso, por isso, é dos mais importantes papéis do líder saber contratar pessoas. Não à toa escolhi o nome da Editora Gente.

Érica Belon, em seu livro de estreia, trouxe luz para este tema tão relevante e tão pouco abordado de uma maneira excepcional, e inova com uma perspectiva única, a liderança de Cristo, cujos ensinamentos garantiram seu sucesso incontestável. Seu método é prático e eficiente e, por isso, tenho certeza de que logo se tornará mais uma autora best-seller da casa.

Boa leitura!

Rosely Boschini
CEO e Publisher da Editora Gente

Aos meus pais, Olavo Belon e Cecília Aparecida Belon, de quem recebi tudo, absolutamente tudo, que há de melhor em mim; que se privaram inúmeras vezes de muitas coisas para que eu pudesse ter e ser quem sou hoje; a quem eu honro e manifesto a minha eterna e mais profunda gratidão.

AGRADECIMENTOS

O espaço reservado em um livro para os agradecimentos, para mim, é um dos mais especiais. Afinal, sem essas pessoas, esta obra não seria possível.

Primeiramente, agradeço a Deus por ter me escolhido para este desafio. Com absoluta certeza, fui capacitada e direcionada pelo Espírito Santo para dialogar e mediar três fronteiras que, na maioria das vezes, são destacadas como rivais: administração de negócios, neurociência e teologia. Isso nos permite notar que Deus não precisa de nenhuma ciência para comprovar Sua existência – Ele é!

Agradeço a meu pai e minha mãe por sempre me incentivarem a ser o que eu quisesse e por sempre me impulsionarem a ir mais longe. Eles estavam certos: nunca imaginei aonde eu chegaria!

Gratidão a minha irmã Cecília Belon (Ciça) por me ajudar de modo incondicional com tudo o que eu preciso e por cuidar com tanto zelo da minha empresa. Você é um exemplo para mim.

Provérbios 18:24 afirma que "existe amigo mais apegado que um irmão", e aqui tenho alguns agradecimentos que nascem no fundo do meu coração. Essas pessoas saberão por que as menciono.

Ao pastor Jairo Manhaes e à pastora Cassiane, meu pastor e minha pastora. Minhas referências. Minha inspiração. Não encontro palavras para agradecer o que vocês fizeram por mim em um dos momentos de maior aflição e angústia da minha vida.

Aos queridos Everton Pieri e Bruna Pieri. Vocês me deram as palavras que eu precisava ouvir quando todos fecharam as portas para mim. Vocês são verdadeiros anjos na minha vida.

A Milla Gomes. Não sei expressar o que você representou quando todos deram um passo para trás e você ficou comigo até o fim. Você é minha melhor amiga!

A Marta Giove e Alex de Paula. Mesmo que eu escrevesse linhas e linhas, não seriam suficientes para declarar o respeito e o carinho que tenho por vocês, pois foram os primeiros a não medir esforços para me ajudar.

Existem pessoas que conhecemos durante nossa caminhada, mas existem aquelas que Deus nos apresenta! E Deus não só me apresentou uma pessoa, como confirmou essa conexão que tem mudado o curso da minha história, uma pessoa que compactua com os mesmos valores meus e da minha família, que tem me ensinado a cada dia e a quem tenho a honra de chamar de mentor e sócio: Carlos Wizard.

Um agradecimento à Editora Gente, em especial à CEO Rosely Boschini e à Rosângela Barbosa, que de imediato

AGRADECIMENTOS

acreditaram no projeto deste livro e me concederam a oportunidade e a honra desta publicação que hoje é um best-seller!

Gratidão ao meu time de colaboradores, que embarcam no meu sonho e me ajudam diariamente a transformar a vida de milhares de pessoas!

Muito obrigada, meus queridos alunos, mentorados e clientes, que diariamente abrem as portas das suas empresas e confiam a mim a estrutura dos seus negócios.

Por fim, um agradecimento mais que especial ao Adriano, mais conhecido como o "Sol da minha praia", que ilumina meus dias nublados. A você, deixo um versículo que está em Eclesiastes 4:9-12. Sem você eu não teria trilhado nem metade desse caminho!

SUMÁRIO

PREFÁCIO
14

CAPÍTULO 1
INFELIZMENTE, GRANDE PARTE DAS EMPRESAS NÃO SABE CONTRATAR
18

CAPÍTULO 2
NÃO SOMOS EDUCADOS PARA CONTRATAR, LIDERAR E MUITO MENOS DEMITIR
40

CAPÍTULO 3
APRENDA A FAZER UM RECRUTAMENTO INTELIGENTE
64

CAPÍTULO 4
1º PILAR – DESCRIÇÃO DO CARGO PARA O ANÚNCIO DA VAGA
72

CAPÍTULO 5
2º PILAR – ESPECIFICIDADE COMPORTAMENTAL
86

CAPÍTULO 6

3° PILAR – ANÁLISE DO PERFIL DA VAGA E DO PERFIL COMPORTAMENTAL

102

CAPÍTULO 7

4° PILAR – O MODELO MENTAL DO CANDIDATO

118

CAPÍTULO 8

5° PILAR – ENTREVISTA E ANÁLISE DAS RESPOSTAS DOS CANDIDATOS

138

CAPÍTULO 9

6° PILAR – CONSTRUÇÃO DE UM MANUAL DE PERGUNTAS E RESPOSTAS

148

CAPÍTULO 10

7° PILAR – DEMISSÃO É UMA FERRAMENTA DE GESTÃO

158

CAPÍTULO 11

8° PILAR – EQUIPE ENGAJADA, EMPRESA COM RESULTADO

166

CAPÍTULO 12

O SUCESSO

184

Há pessoas que Deus coloca em sua vida e com quem, por sua forma de pensar, agir e falar, logo você sente uma conexão divina, como se vocês já se conhecessem há muito tempo. Foi essa a sensação que tive ao conhecer a Dra. Érica Belon. Sua visão empresarial pragmática sobre gestão e desenvolvimento de pessoas ultrapassa os limites da teoria e se materializa de maneira simples no dia a dia da empresa.

A autora, mentora e consultora tem como missão de vida tirar o empresário da operação do negócio e colocá-lo na posição de liderança, para atuar na estratégia, planejamento, expansão e ampliação de seu negócio. Tudo isso requer uma metodologia científica testada e comprovada, e é isso que você encontrará nas páginas de *8 pilares da liderança de Cristo*, nas quais a autora combina sua experiência acadêmica e empresarial com o "modelo de gestão" adotado por Jesus Cristo, o maior líder de todos os tempos.

Com mais de 30 anos de experiência na área de treinamento, consultoria e mentoria, a Dra. Érica entende a dor do micro, médio, macro e megaempresário. Com uma metodologia própria para gerar resultados, através da Consultoria BELON & WIZARD, a Dra. Érica atende empresários que faturam milhões ou bilhões e grupos empresariais que já atingiram a casa do trilhão.

Pessoalmente, gostaria de ter conhecido a minha hoje sócia Érica há 30 anos, quando comecei a empreender. Comecei do zero, em minha casa, dando aulas de inglês. Depois, abri uma escola e, mais tarde, uma rede. Hoje, estou à frente de uma dezena de empresas no Brasil e no exterior, entre elas Pizza

Hut, KFC, Taco Bell, Mundo Verde, Topper, Rainha, Social Bank, Mister Wiz, entre outras. Portanto, conheço de perto a "dor do crescimento" que o empresário enfrenta sem ter nas mãos um mapa do que fazer na busca pelo sucesso.

A leitura desta obra, obrigatória para todos que desejam vencer no mundo empresarial, irá torná-lo um líder mais consciente de seus dons, talentos e habilidades. Fará de você uma pessoa mais sensível às oportunidades ao seu redor. Finalmente, irá torná-lo um líder mais respeitado e admirado por seu time, pois você descobrirá que o segredo da liderança consiste, primeiro, em servir ao próximo – como o Mestre dos mestres nos ensinou por meio de seu exemplo.

Boa leitura!

Carlos Wizard
Empresário e mentor

Capítulo

1

INFELIZMENTE, GRANDE PARTE DAS EMPRESAS NÃO SABE CONTRATAR

As empresas, de modo geral, têm enfrentado uma crise para encontrar profissionais qualificados para ocupar tanto posições estratégicas como operacionais. Se de um lado vemos milhares de pessoas buscando uma oportunidade de trabalho, do outro nos deparamos com milhares de empresários ansiosos por esses candidatos, para que sua empresa possa alcançar resultados melhores.

Se o mundo corporativo vive essa ambiguidade, por que essas "duas pontas" não conversam? Onde estão esses candidatos? Onde estão essas vagas?

A realidade é que o desafio maior está em fazer uma contratação eficaz. E entenda "contratação eficaz" como a capacidade necessária a um recrutador para identificar o perfil comportamental do candidato; mapear na entrevista suas habilidades, competências e talentos; extrair seu desempenho; levantar, por meio de perguntas, traços de personalidade, temperamento e caráter; além de alinhar tudo isso à descrição e ao perfil da vaga, somando-se ainda a especificidade comportamental definida pela empresa. Sim, não é um trabalho para amadores nem para estagiários!

A falta de capacitação de quem está à frente dos processos de recrutamento e seleção (R&S) causa um impacto imenso na gestão dos negócios, visto que o *valuation* de uma empresa pode ser ampliado ou diminuído pelas competências técnicas e intelectuais de seu time.

Se a falha se resumisse apenas à entrada do novo candidato, talvez o estrago fosse menor para a empresa; entretanto, essa questão se arrasta por toda a gestão, haja vista que a falta de preparo do líder em identificar a expertise desse profissional o faz acreditar que a baixa performance poderá ser resolvida em uma sala de treinamento. Aqui devo dizer a você, leitor: contratação errada é sinônimo de demissão!

MINHAS EXPERIÊNCIAS

Meus longos anos – mais de trinta e cinco – de atuação na área de gestão de pessoas, estando à frente de processos de contratação e treinamento de times, me permitem fazer algumas considerações.

É comum, no meu dia a dia, encontrar empresários, líderes e até profissionais de RH que acreditam que a empresa deva ser uma "clínica de recuperação" e que tentam, a todo custo, "recuperar" colaboradores que não querem ser recuperados. Talvez a imaturidade da gestão os impeça de enxergar que "demissão é uma ferramenta de gestão", como você verá no capítulo 10.

Na mesma proporção, vejo promoções partindo de critérios que não trarão verdadeiros resultados organizacionais.

Posso destacar aqui minha experiência como consultora de uma empresa do segmento metalúrgico em que praticamente 100% do quadro de líderes era formado a partir de promoções nas quais o critério utilizado foi apenas o "tempo de casa", o que resultou em uma empresa doente.

Um dos profissionais que ocupava o cargo de liderança iniciou sua carreira aos 14 anos como menor-aprendiz, estudou, formou-se engenheiro de produção e assumiu a gestão, foi promovido a gerente da fábrica. Jovem e entusiasmado com a oportunidade, mas com pouca qualificação para a liderança, ele provocou um caos na empresa.

Os colaboradores, que antes eram amigos de happy hour, agora recusavam-se a obedecer ordens de alguém que havia saído do meio deles. A fábrica estava com uma demanda grande de trabalho, e o novo gerente de produção não tinha habilidades para comandar o time, tampouco para selecionar novos profissionais. As entregas estavam atrasadas; os clientes, reclamando, e os funcionários, pedindo demissão de maneira coletiva. Perdido, sem saber o que fazer nem como reagir, ele achou melhor deixar o cargo.

Essa história é mais comum do que se pensa. Alguns deixam o cargo, muitos adoecem e se afastam, outros, mesmo sem querer, acabam quebrando as empresas.

Atribuo essa responsabilidade à falta de conhecimento da cúpula gestora em promover excelentes técnicos sem dar a eles o suporte necessário para o seu desenvolvimento como líder.

A imaturidade de muitos novos empresários é causada pelos seus empregos como celetistas. Com essa base tradicional, eles criaram suas empresas apenas com expertises técnicas e operacionais, sem considerar que precisavam se preparar também para contratar e gerir pessoas. Por isso percebemos uma geração de potenciais donos de negócios com extrema dificuldade quando o assunto é gestão de pessoas. E não é à toa que é a área na qual mais há demanda por consultoria.

A dificuldade da maioria desses novos empregadores é o perfil operacional. Eles construíram seu sucesso e sua boa reputação a partir dos resultados extraordinários que alcançaram em seus trabalhos anteriores, mas não se capacitaram para ser empresários e, portanto, precisam o tempo todo "construir seus aviões em pleno voo".

Pelo fato de terem um mindset[1] técnico e operacional, muitos empresários não sabem contratar, tampouco construir times de alta performance. Quando atraem excelentes profissionais, muitas vezes pecam pelo estilo de liderança baseado no modelo comando e controle, o que ocasiona a perda de talentos incríveis.

Geralmente com um orçamento apertado, os donos acabam acumulando funções e deixam em segundo plano a função de gerir o time. Os integrantes da equipe, por sua vez, não recebem feedbacks e não se engajam. Esses profissionais não veem o dono como um líder, como referência.

Em empresas menores, o assunto se agrava: os gestores misturam administração com amizade, tornam-se íntimos dos colaboradores e procrastinam a demissão por falta de coragem. Preferem perder dinheiro com aquele funcionário que já está há tempos na empresa sem dar nenhum resultado a tirá-lo do time. Ao agir assim, perdem totalmente a credibilidade perante os demais liderados e ainda colecionam péssimos profissionais na equipe.

Podemos citar também a imaturidade daquele excelente profissional que se tornou um péssimo gestor. Sua jornada na liderança é bem parecida com a do novo empresário que acabei de descrever.

---

[1] "Mindset" é uma palavra originária do inglês e está relacionada ao estado mental de uma pessoa, estabelecido por seus pensamentos e crenças, resultando em como ela vê o mundo.

A FALTA DE CAPACITAÇÃO DE QUEM ESTÁ À FRENTE DOS PROCESSOS DE RECRUTAMENTO E SELEÇÃO CAUSA UM IMPACTO IMENSO NA GESTÃO DOS NEGÓCIOS, VISTO QUE O *VALUATION* DE UMA EMPRESA PODE SER AMPLIADO OU DIMINUÍDO PELAS COMPETÊNCIAS TÉCNICAS E INTELECTUAIS DE SEU TIME.

O Brasil tem essa cultura de valorizar um excelente profissional operacional, promovendo-o a gestor, mas essa atitude peca em dois pontos: a) despreza a avaliação do perfil comportamental e b) não treina esse profissional para exercer com qualidade o novo papel.

Assim, esse novo líder, que em sua antiga posição conseguia resultados impactantes, agora se vê comandando os colegas de equipe. E, como geralmente fazia parte do mesmo time e muitas vezes esteve envolvido em conversas e críticas negativas à empresa, quase sempre não é respeitado na nova posição. Sua liderança precoce e desestruturada não o sustenta para tratar de rotinas de contratação, para criar estratégias de demissão e para lidar com a rejeição da equipe. Crenças limitantes e de não merecimento costumam arraigar-se na mente desses gestores, que por várias vezes não se sentem verdadeiros líderes e tornam-se reféns do próprio time.

Essa gestão comandada por juniores causa grandes impactos financeiros no negócio. Enquanto alguns donos de empresa querem a qualquer preço manter esses funcionários que não têm bom desempenho – sejam eles da operação ou até os líderes promovidos – e estão apegados à crença de que não encontrarão um colaborador melhor no mercado, existem também aqueles empresários que não esperam a curva de aprendizagem do novo colaborador e entram em um ciclo de *turnover*[2] sem controle.

---

2 *"Turnover"* ou rotatividade é o nome que se dá ao cálculo de entrada e saída de profissionais de uma empresa. Esse número é calculado a partir da quantidade de desligamentos e contratações em um determinado período.

Contudo, apenas considerar o custo financeiro que isso representa na empresa não é um posicionamento maduro. Vale lembrar que, cada vez que a empresa demite um funcionário, ela está atestando sua falta de competência para contratar ou para reter aquele talento, o que respingará na "reputação" da organização.

Os melhores candidatos estão, ou buscam estar, alocados em instituições que prezam pela sua imagem e se posicionam no mercado com credibilidade e boa reputação.

SOMOS BONS EM CONTRATAR TÉCNICOS

A empresa de treinamentos Leadership IQ, classificada como uma das dez melhores empresas norte-americanas de treinamento e liderança, realizou, em 2011, uma pesquisa[3] com mais de 20 mil novos contratados e, em 2020, com 1.400 executivos de RH para tentar determinar por que as contratações falham.

Embora a primeira pesquisa tenha sido realizada há bastante tempo, ela continua mais atual do que nunca, pois trouxe aos recrutadores uma nova perspectiva acerca do processo de recrutamento e seleção. Os profissionais de RH se tornaram especialistas em encontrar candidatos técnicos, mas deixaram de lado outros atributos extremamente importantes, fundamentais para que um novo funcionário faça carreira na empresa.

Antes mesmo de relatar os cinco principais motivos pelos quais contratações falham, quero discorrer sobre o fato de que minhas

---

[3] WHY New Hires Fail (The Landmark "Hiring for Attitude" Study Updated with New Data). **Leadership IQ**, 2022. Disponível em: https://www.leadershipiq.com/blogs/leadershipiq/35354241-why-new-hires-fail-emotional-intelligence-vs-skills. Acesso em: 5 out. 2022.

centenas de milhares de horas mentoreando profissionais, líderes, executivos e empresários na ascensão de suas carreiras e de seus negócios me fizeram perceber que todos chegavam para a mentoria em um estado de maturidade profissional já desenvolvido.

Esse estado está relacionado a fases que caminham conectadas às descobertas feitas pela Leadership IQ acerca do fracasso nas contratações.

São elas:

A **Fase 1**, chamada aqui de "bebê", é aquela na qual o profissional ainda tem um comportamento de recém-nascido dentro da organização, independentemente da idade e do tempo de experiência. Ele precisa de tutela 24 horas por dia; caso contrário, morrerá.

O profissional que está na Fase 1 da maturidade exige um modelo de gestão em que o líder esteja com ele o tempo todo, necessita que alguém o receba pela manhã para distribuir sua rotina, que o acompanhe nas tarefas, monitore-o a intervalos curtos, confira o seu trabalho antes de aplicá-lo e lhe dê suporte durante todo o expediente. Esse profissional não tem condições emocionais nem técnicas para trabalhar sozinho.

OS MELHORES CANDIDATOS ESTÃO, OU BUSCAM ESTAR, ALOCADOS EM INSTITUIÇÕES QUE PREZAM PELA SUA IMAGEM E SE POSICIONAM NO MERCADO COM CREDIBILIDADE E BOA REPUTAÇÃO.

Já na **Fase 2** , o profissional é o que chamo de "criança". É aquela pessoa que precisa de alguém que seja sua referência e tenha tempo disponível para educá-la, ou seja, para lhe ensinar. Esse profissional, quando bem contratado, faz parte daqueles candidatos que estão prontos para aderir a um *fit cultural* e, portanto, são ideais para empresas que querem formar pessoas.

Na **Fase 3**, está o profissional "adolescente", aquele que precisa ser disciplinado. São pessoas que entram nas organizações não para trabalhar, mas para contestar tudo o que está sendo feito. Esse tipo de profissional precisa ser liderado por alguém mais enérgico, que o discipline de acordo com a missão, a visão, os valores e a cultura organizacional existente.

Por fim, o "adulto", listado na **Fase 4**, é o profissional para o qual é possível delegar tarefas. Basta ser direcionado a atender às necessidades da empresa, e ele será capaz de fazer um excelente trabalho, além de contribuir com a performance da área.

O fato é que as empresas buscam profissionais no mercado sem nem ter ideia dessas fases, ou acreditam que elas dizem respeito à idade do candidato ou às suas experiências profissionais. As fases não têm absolutamente nada a ver com isso. Elas se relacionam com a maturidade emocional do candidato, como bem apresentam as pesquisas da Lidership IQ. Procurei conciliar as minhas experiências corporativas e o resultado das pesquisas para ajudá-lo a entender melhor estes conceitos:

1. Falta de *coachability*

É quando o novo funcionário não se dispõe a aceitar e colocar em prática os feedbacks recebidos pela gestão ou por alguém mais experiente que ele. A pesquisa relata que 26% dos profissionais fazem parte dessa estatística.

É correto atribuir a falta dessa competência somente à idade ou à falta de experiência profissional do colaborador? Claro que não! No Brasil, a maioria dos lares, bem como os ambientes acadêmicos, não tem o costume (ou a habilidade) de dar feedback para aqueles em formação. Pais não praticam isso em casa, e professores apenas apresentam um feedback para o estudante quando entregam a nota da prova. Culturalmente não se constrói uma mentalidade de feedback antes de ingressar nas empresas e, quando se constrói, já dentro do mercado de trabalho, em geral experiencia-se só o lado negativo, utilizando o método quando os profissionais cometem algum desvio no processo. São poucas as empresas que invertem a ordem dessa prática e a aplicam corretamente.

2. A falta de **inteligência emocional** é um dos motivos em 23% das demissões

Daniel Goleman, psicólogo e pesquisador, conceitua inteligência emocional como a capacidade de um indivíduo de gerenciar suas próprias emoções e as dos outros. Para ele, o controle das emoções é essencial para o desenvolvimento dessa inteligência. Contudo, tanto a ansiedade quanto o estresse têm sido causas de desequilibro emocional.[4]

De acordo com a Organização Mundial da Saúde (OMS), o Brasil está entre os países com maior índice de estresse do

---

4 GOLEMAN, D. **Inteligência emocional:** a teoria revolucionária que redefine o que é ser inteligente. Rio de Janeiro: Objetiva, 1996.

mundo:[5] cerca de 70% da população brasileira possui sintomas de estresse, perdendo apenas para o Japão. Desses 70%, 32% sofrem de síndrome de burnout, um nível mais elevado de estresse que está intrinsecamente relacionado ao trabalho.

Não obstante, ocupamos também o primeiro lugar no ranking de países mais ansiosos do mundo.[6] Grande parte desse contigente de pessoas ansiosas e estressadas está dentro das empresas, e tais sintomas afetam a inteligência emocional desses trabalhadores.

3. 17% dos novos colaboradores saem das empresas por falta de motivação

O maior número de pedidos que recebo no meu escritório é para resolver problemas em equipes consideradas desmotivadas. Mas o que o empresário ou mesmo o líder que me procura desconhece é que existe uma diferença muito grande entre profissionais desmotivados e profissionais frustrados.

Vale a pena discorrer mais sobre isso, pois, nas empresas, tornou-se cultural essa conversa de que a liderança deve

---

5   BRASIL é segundo país com população mais estressada do mundo e perde apenas para o Japão. **JCNET**, 27 abr. 2019. Disponível em: https://www.jcnet. com.br/noticias/internacional/2019/04/547120-brasil-e--segundo-pais-com-populacao--mais-estressada-do-mundo-e-perde-apenas-para-o-japao.html. Acesso em: 5 out. 2022.

6   SERRANO, A. Brasil, o país mais ansioso do mundo. **Estado de Minas**, 3 jul. 2022. Disponível em: https://www.em.com.br/app/noticia/saude-e-bem-viver/2022/07/03/ interna_bem_viver,1376936/brasil-o-pais-mais-ansioso-do-mundo.shtml. Acesso em: 5 out. 2022.

motivar a equipe. Entenda: ninguém é capaz de motivar ninguém.

A motivação é intrínseca e fisiológica. Neurotransmissores (que podemos entender como mensageiros químicos liderados pelos neurônios) como a dopamina são os principais responsáveis por desencadear a motivação em alguém, ao lado de fatores como uma boa alimentação e uma vida mais leve e equilibrada. Clima organizacional agradável, liderança eficaz e equipe acolhedora e com boa performance são a ponta final do processo e abrem portas para que os profissionais sejam cada vez mais felizes e motivados.

A ciência vem buscando meios para contribuir de maneira positiva com os ambientes corporativos. Ela tem feito isso através de pesquisas, estabelecendo um diálogo entre as ciências sociais – como a área da Administração – e as neurociências, e levando conhecimento estratégico à cúpula gestora a fim de entregar ferramentas de performance que permitam melhorar as relações com as pessoas e, consequentemente, com os negócios.

Existem quatro tipos de hormônios/neurotransmissores que são classificados como "hormônios da gestão" e nos ajudam a compreender a desmotivação de um profissional:

- **Dopamina:** tem a ver com a motivação intrínseca, ou seja, de dentro para fora, e só depende do profissional. Por isso a importância de se ter clareza de onde se quer chegar com a carreira, para que haja disposição em fazer o que deve ser feito. Agora você compreende por que uma contratação errada não se resolve na sala de treinamento?
- **Serotonina:** conhecida como o hormônio da liderança, origina-se a partir dos estímulos de reconhecimento do líder para

com o funcionário. Fica clara aqui para você a importância de se ter um líder bem preparado para comandar um time?

- **Oxitocina:** também chamada de hormônio do amor, é o neurotransmissor produzido quando há uma relação de confiança entre pessoas que interagem. Percebe que não é possível trabalhar com alguém de quem se desconfia? Você compreende a importância da sinergia de um time em um projeto?

- **Endorfina:** é o hormônio da felicidade. Esse neurotransmissor torna-se evidente quando, na gestão, é possível juntar uma contratação eficaz, que produzirá dopamina, com uma liderança preparada, que promoverá serotonina, e uma relação de confiança entre o time, produzindo oxitocina. Assim, fica impossível ser um profissional desmotivado e infeliz.

O que a maioria das lideranças ainda não sabe é que quando existe muita competência em um profissional, mas lhe é dado pouco desafio em suas tarefas, o resultado é um profissional altamente desmotivado. Resolver isso é simples: basta aumentar a complexidade de suas tarefas, e seu desempenho melhora. No entanto, quando se tem o inverso, profissionais sem competências, mas com muitos desafios, estamos à frente de uma pessoa altamente frustrada.

Novamente minha experiência fala mais alto: o que mais vejo nas empresas são pessoas frustradas, porque a falha começa na contratação. Quando não se tem a capacidade de analisar a performance de um profissional e compará-la com o desafio que lhe será dado, independentemente do salário acertado, teremos muitas pessoas frustradas nas empresas.

O ideal é que a área de recrutamento e seleção seja capaz de encontrar o estado de *flow* desses colaboradores, que ocorre quando a competência pessoal está alinhada com o desafio do cargo. Contudo, não posso deixar de mencionar que é papel do líder buscar constante aprimoramento para ajustar essas duas frentes – competência e desafio – nas suas equipes.

4. 15% dos fracassos nas contratações se dão por temperamento inadequado

Sabemos que temperamento é parte da personalidade que herdamos geneticamente. Logo, é improvável que o colaborador modifique o seu temperamento. No processo de recrutamento e seleção, é importante que a área de recursos humanos seja competente para aplicar inventários comportamentais e levantar os dados necessários para identificar se o indivíduo tem o temperamento adequado para a vaga à qual se candidatou.

Outro ponto a se destacar é: se a organização não tem definida a especificidade comportamental da empresa – bem como a da vaga –, será difícil alinhar o temperamento do colaborador e conseguir uma contratação eficaz.

5. 11% são demitidos por falta de competência técnica

Chegamos a um ponto bastante curioso. Observe que apenas 11% das pessoas de fato não têm qualificação técnica para serem contratadas. O que isso significa? Significa que as contratações fracassam em virtude de problemas comportamentais, e não por falta de mão de obra qualificada.

Consolidando os dados apresentados até aqui e apresentando-os na figura a seguir, podemos perceber claramente que a mão de obra qualificada tem o menor impacto nos fracassos da contratação. Ao tratarmos do índice de demissões, é possível verificar que más contratações se devem à falta de competência em identificar falhas no comportamento do profissional.

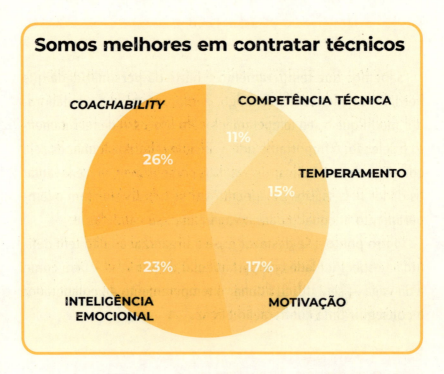

Somos melhores em contratar técnicos

Outro dado importante relatado pela Leadership IQ na pesquisa mencionada anteriormente é que 46% dos funcionários recém-contratados falharão em dezoito meses, enquanto apenas 19% alcançarão o sucesso pleno.

AS CONTRATAÇÕES FRACASSAM EM VIRTUDE DE PROBLEMAS COMPORTAMENTAIS, E NÃO POR FALTA DE MÃO DE OBRA QUALIFICADA.

Por isso é necessário um método eficaz que ajude o recrutador – seja ele o empresário, o líder ou o profissional de RH que desempenhe esse papel – e que lhe dê segurança para não apenas trazer, mas sobretudo reter os melhores candidatos na organização, aportados em metodologias de aprendizagens ativas.

O marketing digital tem contribuído muito com a área de recrutamento e seleção, divulgando nas redes sociais as melhores empresas para se trabalhar, o que desperta o interesse de profissionais extraordinários em fazer parte do time. Da mesma maneira, grandes *players* do mercado têm construído um império nas redes em busca de deixar registrada sua história e de se tornarem alvo de profissionais de alta performance que se coloquem à disposição para fazer parte e até viver desse legado.

Ao promover a imagem dessa maneira, é fato que essas grandes empresas atrairão os melhores profissionais sem muito esforço nos processos de recrutamento e seleção. Mas e aquelas empresas que não se enquadram nesses números astronômicos? Estão as pequenas fadadas ao fracasso? Viverão às margens do que sobra no mercado?

Para responder a essa pergunta, busquei me apoiar nos ensinamentos de Jesus, que fugiu de todos os parâmetros para atrair os melhores candidatos.

Procurei compreender quais critérios Ele utilizou para recrutar seus discípulos e o que fez para mantê-los tão engajados a ponto de morrerem pela Sua causa. Quais estímulos provocou na mente dessas pessoas que viviam em um local onde não tinham a mínima condição de sonhar e as fez acreditar que poderiam mudar o mundo? Quais ferramentas Jesus utilizou para identificar o perfil comportamental dessas pessoas? Como Ele

INFELIZMENTE, GRANDE PARTE DAS EMPRESAS NÃO SABE CONTRATAR

adequou cada um a um cargo e foi capaz de alinhar o comportamento específico de todos nas tarefas que precisava que fossem feitas? Como Cristo desenvolveu um método de aprendizagem eficaz a ponto de fazer desses homens, com pouca ou quase nenhuma instrução, os replicadores da sua metodologia? Como Jesus, no papel de líder, manteve Sua estabilidade emocional, permanecendo à frente do time mesmo depois de duas traições?

Jesus enfrentou desafios maiores com seus discípulos. Aqui vou representá-los como contratados, e fazer um paralelo com o que a Leadership IQ apresentou em sua pesquisa:

- Esses novos contratados não eram engajados. Cada um tinha o seu trabalho e, nas horas vagas, paravam para ouvir Jesus. Aqui já cabe uma reflexão sobre o que se ouve com frequência no ambiente corporativo: "colaborador terceirizado não é comprometido com a organização", ou "prefiro não contratar profissionais que tenham outra renda extra, eles não são íntegros o tempo todo".

- Se Jesus fosse levar em consideração o requisito "competência técnica", nenhum deles seria contratado. Se observasse o histórico profissional na busca de alguma experiência, também não teria sucesso, pois alguns eram pescadores, outros eram cobradores de impostos, havia também políticos e até um ladrão.

- Todos tinham temperamentos bastante diferentes, alguns até bem difíceis, e mesmo assim foram selecionados para fazer parte do grupo.

- Muitos apresentavam pouca inteligência emocional, pois se envolviam em brigas e discussões, inclusive entre si. Não trabalhavam bem em equipe.
- Aceitar bem feedbacks também não era o forte deles, pois alguns eram bastante questionadores.

Embora não tenhamos sido educados para atrair, reter e liderar pessoas, conhecemos bem o modelo de liderança de Jesus – apesar de você provavelmente nunca ter pensado sobre ela dessa maneira. Nos próximos capítulos, vou apresentar uma nova interpretação para os atos desse líder e, baseando-me nas estratégias que Ele utilizou, expor aplicações práticas que podem ser utilizadas tanto como modelo de liderança quanto no processo de recrutamento e seleção.

JESUS FUGIU DE TODOS OS PARÂMETROS PARA ATRAIR OS MELHORES CANDIDATOS.

Capítulo

2

NÃO SOMOS EDUCADOS PARA CONTRATAR, LIDERAR E MUITO MENOS DEMITIR

Há uma cultura no Brasil de que as melhores contratações são aquelas que acontecem por indicação. A referência de um candidato sobrepõe qualquer questionamento acerca de suas habilidades técnicas e emocionais, bem como de sua honestidade. Vivemos em um tempo em que ser honesto deixou de ser obrigação e passou a fazer parte da lista de características e virtudes de um candidato.

Recrutamentos e seleções são constantemente burlados pelos próprios empresários, que interrompem o processo diante de uma indicação, e o mesmo ocorre dentro das áreas de recursos humanos, quando os recrutadores favorecem a entrada de amigos, conhecidos ou até participam de "esquemas" com agências de empregos.

Algumas "verdades ácidas" cabem aqui como sugestão para você que vivencia esse mundo de contratação e sofre com as consequências de uma escolha muito mais emocional do que voltada para resultados. Vamos a elas:

- Não contrate quem você não pode mandar embora;
- Contrate pessoas que resolvam os problemas da empresa, e não que a empresa resolva os delas. Lembre-se de que é um contrato de prestação de serviços;
- Tenha cautela com os esforçados. Eles são ótimos, mas nem sempre geram resultados;
- Na maioria das vezes, os melhores candidatos estão empregados. Eles devem ser o seu alvo;

- Não tenha medo de contratar quem está trabalhando. Se eles chegaram até você é porque não estão satisfeitos onde estão;
- Atenção ao contratar quem é do seu círculo de amizades, pois nem sempre a pessoa terá maturidade para receber um feedback negativo, tampouco saberá lidar com uma demissão. Nesse caso, você perderá o funcionário e o amigo;
- Se possível, não contrate parente. Nem todos têm condições emocionais para ver o quanto sua empresa fatura, as dificuldades que você passa, nem o seu sucesso. Esses assuntos com certeza serão discutidos no almoço de domingo – sem a sua presença, é claro!

Vamos tratar com mais clareza desse assunto nos próximos capítulos, mas já quero chamar sua atenção para uma curiosidade sobre essas verdades: por que será que Jesus não chamou para o seu grupo de apóstolos seus irmãos e parentes? Será que é porque nem mesmo seus irmãos acreditavam Nele, como é mencionado em João 7:5? A Bíblia relata que os irmãos só creram em Jesus após a Sua ressurreição.

As contratações realizadas por Jesus foram todas externas, ou seja, Ele não teve indicações de candidatos nem optou por recrutamento interno – dois dos principais modelos de recrutamento utilizados. Veja abaixo:

- **Recrutamento interno:** trata-se da contratação de um colaborador que já trabalha na empresa, porém em outro cargo. Esse tipo de contratação traz muitas vantagens, pois serve como uma mola propulsora para profissionais que desejam fazer carreira naquela organização, além de estimular o funcionário a continuar na empresa, promovendo a retenção do talento. Além disso, apostar em uma pessoa que já vive a missão, a visão e os valores do empreendimento, que é engajada, motivada e de confiança, acelera o crescimento da empresa. Contudo, a desvantagem desse recrutamento é que a empresa não é oxigenada com novas ideias, visões e experiências trazidas por colaboradores vindos de outras instituições.

- **Recrutamento externo:** refere-se à busca de um novo profissional no mercado. Ao contrário do recrutamento interno, os custos de uma contratação externa são maiores, e os riscos, também, pois não se tem a certeza de que aquele profissional se adaptará à empresa, comungará dos mesmos valores e se conectará com o time. Entretanto, uma das principais vantagens é a expertise que esse candidato trará dos locais nos quais trabalhou anteriormente, agregando valor à equipe.

- **Recrutamento misto:** esse tipo de recrutamento acontece quando a publicação da vaga é feita ao mesmo tempo dentro e fora da empresa, buscando candidatos tanto entre os profissionais que já trabalham na organização quanto entre aqueles que estão disponíveis no mercado ou trabalhando em outras companhias. As vantagens e desvantagens do recrutamento misto são as mesmas do recrutamento interno e externo; porém, um ponto negativo a destacar é que, muitas vezes, quando tomam conhecimento de que a vaga também foi aberta internamente, os candidatos externos não se dedicam tanto ao processo, pois acreditam que a empresa esteja apenas cumprindo o protocolo de divulgação, e que já tenha um candidato interno selecionado.

- **Indicações:** embora as indicações não sejam oficialmente consideradas uma modalidade de contratação, é importante destacar que elas acontecem com muita frequência. A vantagem é que o candidato indicado chega "apadrinhado" por alguém de confiança, em geral conhecido do dono. Porém, a desvantagem nesse modelo é que se o profissional não corresponde às expectativas da empresa, o processo de demissão é doloroso, gera impactos negativos e um certo mal-estar, sobretudo para quem o indicou.

- **Recrutamento por agências de empregos:** esse tipo de suporte é muito utilizado pelas organizações. Trata-se de uma empresa que busca no mercado os melhores candidatos a partir da vaga "desenhada" pela instituição solicitante. A vantagem em recorrer a esse modelo de contratação é que a agência já possui um banco de talentos extenso, além de ter agilidade no processo. A desvantagem é que nem sempre esses candidatos estão alinhados aos valores da organização, já que são consideradas apenas as experiências acadêmicas e profissionais. É por esse motivo que muitos processos seletivos feitos por agências fracassam rapidamente.

Se existe algo que meus anos de trabalho me trouxeram foi o acúmulo de histórias, tantas que agora estou aqui escrevendo um livro para você. Muitos excelentes candidatos passam pelas empresas, mas a falta de habilidade no processo de contratar faz com que os recrutadores não os reconheçam nas entrevistas. Da mesma forma, tantos outros profissionais gabaritados deixam seus cargos por falta de reconhecimento da liderança e negligência por parte do RH.

MUITOS EXCELENTES CANDIDATOS PASSAM PELAS EMPRESAS, MAS A FALTA DE HABILIDADE NO PROCESSO DE CONTRATAR FAZ COM QUE OS RECRUTADORES NÃO OS RECONHEÇAM NAS ENTREVISTAS.

É importante escrever sobre isso, pois muitos desconhecem os bastidores da área de recrutamento e seleção e o quanto as empresas e os candidatos são prejudicados por funcionários do RH e agências de empregos sem conhecimento e sem ética que estão à frente desses processos seletivos.

É claro que, da mesma maneira, o inverso também é verdadeiro. Existem profissionais de RH e agências de empregos extremamente éticos e competentes.

A INEFICÁCIA DAS CONTRATAÇÕES REALIZADAS POR AGÊNCIAS DE EMPREGOS

A falta de habilidade dos empresários e a inexperiência dos profissionais da área de recursos humanos no processo de contratação os fazem recorrer a agências de empregos para sanar a alta demanda de vagas abertas.

Vale a pena contar que, inúmeras vezes, auditei recrutadores que recebiam dinheiro para selecionar candidatos exclusivos de uma determinada agência, independentemente da competência de cada um, e desprezavam, ou mesmo nem chegavam a entrevistar, os oriundos de outras agências que não haviam compactuado com a propina. Sim, caro leitor! Isso existe e acontece com frequência na área de recursos humanos.

Eu mesma fui vítima de um episódio assim na época em que ainda cursava a graduação. Fui selecionada para participar de um processo seletivo de uma famosa empresa multinacional. A vaga mudaria o rumo da minha vida profissional, pois as oportunidades nessa companhia eram únicas, e o melhor era que eu tinha todas as competências necessárias para ocupar o cargo.

Por uma ligação telefônica, recebi a notícia de que havia sido selecionada! Exames médicos agendados, toda a documentação encaminhada à área de recursos humanos e data marcada para começar.

Cerca de três dias antes de assumir a posição, recebi outra ligação, dessa vez de ninguém menos que diretor executivo da área de RH. Sem me dar uma justificativa plausível, ele me comunicou que, infelizmente, precisaria desistir da minha contratação.

Semanas depois, uma matéria exibida no telejornal informava que uma determinada franquia de agências de empregos da cidade tinha sido autuada devido a uma denúncia de propina: candidatos que eram encaminhados por aquela agência tinham preferência nos processos seletivos daquela empresa. Coincidentemente, era a agência que havia me encaminhado para a vaga e, embora fosse de outra cidade e a franquia pertencesse a outro proprietário, era parte da rede, o que fez com que todos os processos seletivos fossem invalidados e cancelados.

Infelizmente, casos como esse ainda acontecem, e os donos das empresas, por se dedicarem a outros pilares da organização, quase nunca tomam conhecimento desse problema. Como já mencionado anteriormente, é importante esclarecer que, embora isso não aconteça com todas elas, parte dessas prestadoras de serviços de recrutamento e seleção deixam de realizar o processo com ética e eficácia. Ainda assim, é importante ter em mente que a metodologia dessas empresas está 100% direcionada à avaliação do currículo e de informações retiradas da experiência prévia desse candidato, descartando a importância de conectar esse currículo ao *fit cultural* da empresa que está oferecendo a vaga. Outro ponto falho nesse processo é que as agências de empregos tentam, a qualquer custo, preencher a vaga, pois a sua sobrevivência está exatamente na remuneração recebida a cada oportunidade preenchida. É por esse motivo que tantas contratações ineficazes ocorrem a partir dessas prestadoras de serviços, entende?

Para quem desconhece esse tipo de trabalho, vale ressaltar que a maioria das agências de empregos – e aqui novamente faço questão de registrar que não são todas – realizam um processo de recrutamento e seleção simplista, baseado nos seguintes passos:

1. Publicar a vaga;
2. Captar e selecionar os currículos;
3. Entrevistar os candidatos;
4. Buscar referências nas empresas anteriores;
5. Apresentar pelo menos três candidatos ao contratante;
6. Comunicar ao candidato que ele foi contratado.

Esse processo de recrutamento e seleção praticado por essas agências apresenta muitas falhas, a começar pelo profissional que fica encarregado por todo o processo. É comum as agências – em virtude da grande demanda de trabalho e do número de contratos assinados com diversas empresas para preencher as vagas existentes – contratarem profissionais baratos e totalmente inexperientes para realizar um serviço que demanda grande capacidade técnica e experiência, que é o caso do de recrutar. Não se assuste em saber que muitas vezes esse serviço tem sido feito por um estagiário.

A quantidade de currículos que chega a uma agência é muito grande e, muitas vezes, o trabalho é realizado manualmente, ou seja, um funcionário da agência tem como responsabilidade separar todo esse material. Outras vezes, esse trabalho é armazenado em um banco de dados, mas a escolha do currículo a ser entrevistado continua sendo manual – salvo algumas empresas que investem em tecnologia e automatizam o processo para filtrar os melhores candidatos sem a influência humana.

A tarefa de escolher currículos parece simples, mas ela é importantíssima. Se o profissional responsável por essa "pescagem" de currículos não tiver a capacidade de conectar o candidato à vaga a partir das informações contidas no documento, as empresas contratantes ficam cada vez mais longe dos melhores profissionais. Infelizmente, essa é uma tarefa que, por ser entendida como operacional, quase nunca recebe a devida importância, e é delegada a estagiários.

Será que o mercado realmente está carente de profissionais? Ou será que quem está se dedicando a essa atividade tem falhas no recrutamento?

Reafirmo: o processo de recrutamento e seleção é uma das atividades mais importantes da sua empresa. Tudo começa aí! A seleção do currículo deve ser feita por um profissional gabaritado e que conheça todo o processo.

Vejamos algumas falhas comuns em cada uma das etapas praticadas por agências:

1. **Publicação da vaga**: é preciso ter um critério para o local em que a vaga será publicada. Por exemplo, dificilmente você encontrará um profissional sênior ao publicar um anúncio em uma universidade. E mais: existem vagas que nem devem ser publicadas. Para algumas vagas estratégicas, os candidatos são convidados a participar do processo de seleção sem mesmo estarem

à procura de um novo emprego – esses convites são comuns no LinkedIn, por exemplo.

2. **Captação e seleção dos currículos**: na maioria das vezes, a agência tem um critério de seleção baseado na formação acadêmica e na experiência do candidato. Entretanto, a falha maior está na falta de habilidade do profissional da agência que, sem ter conhecimento, não é capaz de construir a especificidade comportamental do colaborador a partir da missão, da visão e dos valores da empresa contratante. No capítulo 5, falaremos sobre essa construção.

3. **Entrevistar os candidatos**: este é o momento em que ocorrem as maiores falhas. Tendo em mãos um questionário padrão, a agência entrevista os candidatos sem levar em consideração o *fit cultural* da empresa contratante ou a descrição do cargo. Nessa etapa, muitos entrevistados são desclassificados não por falta de competência, mas por inabilidade do entrevistador de construir um roteiro para a entrevista com base nas demandas da vaga e em identificar o modelo mental desse candidato.

4. **Buscar informações em empresas anteriores**: as agências se apoiam muito nessas informações, e elas, quase sempre, são classificatórias para que o candidato continue ou não no processo seletivo. Porém, poucas se atentam para o fato de que dificilmente uma empresa falará "toda a verdade" sobre aquele candidato, sobretudo se ele foi dispensado. A seguir, apresento uma excelente reflexão para os empresários.

O PROCESSO DE RECRUTAMENTO E SELEÇÃO É UMA DAS ATIVIDADES MAIS IMPORTANTES DA SUA EMPRESA.

Muitos empresários possuem crenças limitantes a respeito de "contratar pessoas que foram demitidas". Porém, esquecem-se de que muitos foram demitidos por terem sido excelentes profissionais. Isso mesmo! Por vezes, ter alta performance[7] em uma empresa medíocre pode representar um problema ou ameaça para aquela gestão ou liderança.

Eu já passei por isso. E não foi só uma vez, mas duas!

Fui dispensada de uma empresa em que era celetista, atuava como gerente e era responsável pelo departamento financeiro. Por eu não querer compactuar com questões antiéticas e imorais sugeridas por uma consultoria que atuava na empresa naquele momento, fui dispensada.

Na segunda vez, fui dispensada porque minhas aulas eram bastante elogiadas pelos alunos, o que ofuscou a diretoria. Somado a isso, também há o fato de que mais uma vez fui dispensada por questões éticas, como quando me recusei a aprovar uma aluna que havia sido reprovada, contrariando um pedido da diretoria.

Então, cabe aqui uma reflexão a todos os empresários: deem uma chance e escutem o que um funcionário demitido tem a dizer. Muitas vezes, ele é a pessoa de confiança que você tanto procura e não encontra.

---

7 Profissionais de alta performance são aqueles que geram mais resultados que o esperado, assumem responsabilidades adicionais e crescem rapidamente na carreira. Quando não estão próximos de pessoas que também possuam essas características, em geral são "cortados" da empresa, pois são temidos por líderes fracos e um time com pouca competência.

5. **Apresentar três candidatos para a empresa:** aqui cabe analisar se realmente esses três candidatos selecionados foram devidamente avaliados ou se foram indicados. Qual critério a agência utiliza, além da análise do currículo e das informações recebidas das empresas anteriores pelas quais o candidato passou? Quem da agência valida as informações que foram recebidas?

6. **Comunicar ao candidato que ele foi contratado:** a falha nessa parte do processo, na verdade, se refere aos candidatos que não foram contratados. Muitas vezes, eles são esquecidos e não recebem nenhum retorno, mesmo que negativo, o que impacta na reputação da empresa.

Além de não sabermos contratar, quase sempre a liderança deixa a desejar. Muitos são os motivos que constatam a incompetência de quem está à frente de uma equipe, entre eles, o baixo repertório oferecido pela área educacional, que deveria ser a principal responsável pelo seu bom preparo, como veremos a seguir.

A FALHA DO SISTEMA EDUCACIONAL BRASILEIRO NA FORMAÇÃO DE LÍDERES

O sistema escolar brasileiro falha drasticamente quando o assunto é formar líderes. Não aprendemos na escola, nem somos ensinados nas universidades, a desenvolver traços de liderança, uma habilidade fundamental para o sucesso na carreira e na vida.

Os meus mais de vinte anos como professora universitária me permitem discorrer sobre o assunto. Ao perguntar a um jovem estudante estadunidense por que ele cursa Administração de Empresas, ele responde: "Para abrir uma empresa". Ao fazer a mesma pergunta a um estudante brasileiro, ele responde: "Para arrumar um emprego melhor". E não há nada de errado nisso, desde que a resposta seja consciente.

O modelo mental criado por diversas instituições de ensino brasileiras e aplicado em seus conteúdos programáticos contribui para que os alunos não se tornem líderes nem da própria vida. Isso pode ser amplamente observado pela quantidade de pessoas que apresentam sérias dificuldades na gestão financeira pessoal, que não são capazes nem de administrar os próprios cartões de crédito, imagine a própria carreira.

Profissionais, iludidos por empresas que prometem crescimento na carreira, acabam estacionados nos mesmos cargos por anos, esperando a tão sonhada vaga de gestor. Quando percebem que isso não vai acontecer, já estão, na maioria das vezes, frustrados e obsoletos para o mercado. Esse comportamento é fruto de um modelo mental criado para quem é expectador da própria carreira, sem nenhuma habilidade para construir, fora desse contexto, um caminho de sucesso.

Academicamente preparados para longas carreiras na mesma empresa e exercendo funções operacionais, esses profissionais quando por fim chegam a um cargo de liderança, não têm preparo ou modelo mental para liderar de fato.

Em geral, os erros de gestão que tais profissionais cometem são apenas reflexo daquilo que não lhes foi ensinado no âmbito acadêmico. E essa falta de capacitação impacta não apenas a gestão de pessoas, mas também a gestão do negócio.

Um artigo do professor Thomaz Wood Jr.[8] nos faz refletir sobre modismos nos treinamentos corporativos, que apresentam pedagogia inadequada, conteúdos que pendem para autoajuda, muita teoria e pouquíssima prática, gerando um total desalinhamento estratégico com a empresa.

Se nos basearmos na gestão de Jesus Cristo, o método será diferente. Após contratar seu time de apóstolos, Ele iniciou um processo de treinamento bastante prático e eficaz. Após todos serem treinados na teoria – pois Jesus era mestre em ensinar a partir das suas parábolas – eles foram enviados, de dois em dois, para pregar com autonomia o Evangelho.[9]

O interessante é que Jesus só os colocou nessa atividade prática depois de eles terem aprendido toda a teoria – com um detalhe: em duplas, para que se ajudassem. O mais incrível é que Cristo esteve ao lado do grupo o tempo todo, acompanhando-os, direcionando-os e dando feedbacks. Até mesmo depois de a sua morte e ressurreição, ao subir aos céus, Jesus deixa o Espírito Santo para guiar o seu time:

> Mas o Conselheiro, o Espírito Santo, que o Pai enviará em meu nome, lhes ensinará todas as coisas e lhes fará lembrar tudo o que eu lhes disse. Deixo-lhes a paz; a minha paz lhes dou. Não a dou como o mundo a dá. Não se perturbem os seus corações, nem tenham medo (João 14:26-27).

---

8 WOOD JR., T. Os sete pecados capitais da educação corporativa. **GVExecutivo**, v. 13, n. 2, jul/dez. 2014. Disponível em: https://bibliotecadigital.fgv.br/ojs/index.php/gvexecutivo/article/view/38857/37602. Acesso em: 5 out. 2022.

9 Marcos 6:7 "Chamando os Doze para junto de si, enviou-os de dois e dois e deu-lhes autoridade sobre os espíritos imundos."

No entanto, a bandeira levantada nas empresas de que ser líder é algo que se aprende no dia a dia afasta cada vez mais esses gestores de investirem em conhecimento. Muitos acreditam que, por já terem chegado ao "topo da pirâmide", dispensam a necessidade de estudar e de se atualizar. O mesmo acontece com os empresários.

A falta de aprendizado sobre "o que é ser líder" faz com que essa liderança não apoie os recém-chegados à empresa. É comum que os novos contratados não se sintam acolhidos, principalmente quando ainda estão sendo avaliados nos três primeiros meses de trabalho.

Existe um motivo importante, embora desprezado, para que os novos profissionais passem por esses meses de experiência: é o tempo necessário para acolhê-los e engajá-los no projeto da organização. As empresas, de maneira geral, falham nesse processo e cometem muitos erros, entre eles:

- Deixam de acompanhar o funcionário recém-contratado durante o processo de experiência. Em outras palavras, abandonam quem acabou de chegar;
- Colocam um funcionário, desmotivado e que esteja causando problemas, a quem têm intenção de demitir, e para "treinar" quem está chegando;
- Delegam o acompanhamento do recém-chegado a pessoas da equipe que não possuem a competência ou o critério hierárquico adequado a essa função;
- Dispensam o recém-contratado analisando apenas seu desempenho ao término do contrato de experiência, sem dar chance para que o profissional se explique.

CRISTO ESTEVE AO LADO DO GRUPO O TEMPO TODO, ACOMPANHANDO-O, DIRECIONANDO-O E DANDO FEEDBACKS. ATÉ MESMO DEPOIS DE SUA MORTE E RESSURREIÇÃO, AO SUBIR AOS CÉUS, JESUS DEIXA O ESPÍRITO SANTO PARA GUIAR O SEU TIME.

Assim, as empresas perdem excelentes profissionais por falta de acolhimento e acompanhamento. Mas essa perda não é tudo. Esses erros comprometem a gestão do negócio em vários âmbitos, principalmente no que diz respeito a tempo e dinheiro. Tempo porque será necessário um novo processo de recrutamento e seleção, além das horas que foram perdidas treinando o profissional que não será retido. Dinheiro porque cada colaborador dispensado é um valor que sai do caixa. Sem falar na reputação da empresa no mercado, devido ao *turnover*.

A FALTA DE CORAGEM PARA DEMITIR

Se, por um lado, temos profissionais ocupando cargos de liderança sem receber o treinamento para isso, por outro temos esses mesmos profissionais envolvendo-se emocionalmente com a gestão.

A baixa autoconfiança, muitas vezes relacionada a um perfil que não é o mais adequado para um cargo de liderança somada a uma boa dose de falta de coragem e baixa autoestima, coloca em xeque líderes que não estão prontos para realizar processos de demissão.

Há uma ideia equivocada nas empresas de acreditar que quem contrata e quem demite é a área de recursos humanos, mas isso não está correto. A área de RH é responsável por buscar os profissionais no mercado de trabalho e alinhar as questões burocráticas do processo de recrutamento e seleção, entretanto, quem escolhe o candidato que se juntará ao time é (ou deveria ser) o líder imediato.

O mesmo ocorre com a demissão. Quem demite não é o RH, quem demite é o líder. O RH se faz presente na sala apenas para acompanhar o processo, que deve ser respeitoso e totalmente humanizado.

Porém, é muito comum, embora nada normal, líderes saírem mais cedo por falta de coragem para demitir um colaborador, entregando essa responsabilidade ao RH, que muitas vezes dispensa o colaborador usando frases clássicas como: "Olha, você sabe, eu aqui cumpro ordens, infelizmente me pediram para fazer a sua demissão. Não fique bravo comigo, sou funcionário(a) como você".

Logo, o cenário de uma demissão em uma empresa gerida por líderes amadores é formado por alguns atores que representam seus papéis: líderes imaturos, profissionais de RH inábeis e funcionários demitidos totalmente frustrados, sem nem mesmo saber o motivo real da sua dispensa, haja vista que nunca tiveram um feedback estruturado ao longo dos anos de casa.

É extremamente importante que uma demissão seja acompanhada de pelo menos três feedbacks do líder e, sobretudo, que seja respaldada pelo *feedfoward*, ou seja, pelo acompanhamento, por parte desse líder, do desenvolvimento do colaborador, alertando-o sobre como agir perante outras adversidades que podem vir a acontecer em sua carreira.

Jesus ensina isso quando pergunta aos discípulos: "Por que vocês me chamam 'Senhor, Senhor' e não fazem o que eu digo?". Depois, ele adverte dizendo: "Aquele que ouve as minhas palavras e não as pratica é como um homem que construiu uma casa sobre o chão, sem alicerces" (Lucas 6:46-49).

Um profissional com anos de casa, antes de sua demissão, deve ser acompanhado pelo líder imediato e ter o suporte do RH para o seu desenvolvimento. Mas como desenvolver um colaborador se a empresa não pratica uma avaliação de desempenho? Se a empresa não tem ideia do que precisa ser desenvolvido?

Avaliação de desempenho é uma ferramenta que, como o próprio nome já diz, propõe medir o desempenho de um profissional a partir dos resultados desse colaborador. Quando isso não acontece, fica bastante difícil saber quais as competências e habilidades que ele precisa desenvolver, bem como por quais motivos está sendo dispensado da empresa.

Cabe aqui mencionar que muitas empresas contratam treinadores e palestrantes com conteúdos totalmente desalinhados daquilo que de fato precisa ser ensinado aos seus profissionais, gerando um resultado ineficaz.

A área de RH funciona como uma engrenagem lógica e racional, conforme a figura a seguir. Vejamos:

Essa metodologia é válida também para ser aplicada durante o período de experiência de um colaborador. Muitos profissionais são demitidos logo após o término desse período exatamente porque a empresa pulou alguma das etapas dessa engrenagem.

Quando se trata de período de experiência, geralmente a maioria das empresas contrata por 45 dias, com possibilidade de renovarem o contrato por mais 45 dias e, a partir do desempenho do profissional, ele pode ou não ser efetivado na organização.

Contudo, nesses noventa dias de experiência, é importante que ocorram diversos feedbacks, conforme figura a seguir:

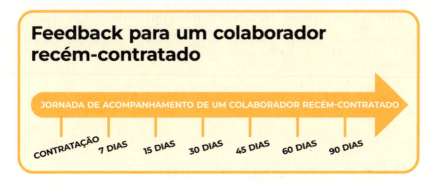

Negligenciar feedbacks nesse período pode acarretar demissões que poderiam ter sido evitadas se os colaboradores fossem devidamente acompanhados pelos líderes.

Assim como os gestores, os empresários também precisam saber que existe um processo inteligente de recrutamento e seleção, ou seja, que existe uma metodologia prática e eficaz a fim de selecionar os melhores candidatos e que contribui com um número menor de demissões. Por isso, é importante registrar que contratação não é *feeling*, contratação não é indicação. Contratação é método.

Grandes líderes da história criaram os próprios processos seletivos, pois compreendiam que não é um empresário que cria uma empresa. Um empresário contrata pessoas, e pessoas criam empresas.

No próximo capítulo, vou apresentar um Método Inteligente de Recrutamento e Seleção que desenvolvi a partir da minha experiência de anos trabalhando com contratações e demissões, seja em empresas ou em salas de aulas. Utilizei Jesus Cristo como fonte de inspiração pois, curiosamente, Ele também teve seus critérios para selecionar cada um dos doze apóstolos que O acompanharam durante Sua jornada e deram a vida para manter vivo o Seu legado. A partir daí, nasceu o **Método Neurociência da Contratação®**, que compartilharei com você.

GRANDES LÍDERES DA HISTÓRIA CRIARAM OS PRÓPRIOS PROCESSOS SELETIVOS, POIS COMPREENDIAM QUE NÃO É UM EMPRESÁRIO QUE CRIA UMA EMPRESA.

Capítulo

3

APRENDA A FAZER UM RECRUTAMENTO INTELIGENTE

Os empresários que tenho atendido ao longo da minha carreira como mentora de executivos e consultora estratégica em gestão de recursos humanos sempre chegam até mim com dores bastante semelhantes quando o assunto é recrutar, selecionar, desenvolver, promover ou demitir.

As maiores queixam são:

- Não encontram pessoas qualificadas no mercado;
- Não conseguem formar equipes de alto desempenho;
- Estão na mão do funcionário que precisam demitir;
- Não têm coragem de demitir pessoas;
- Não têm um método para contratar pessoas;
- Já contrataram diversas agências de empregos, mas sem sucesso;
- Não dominam processos de entrevista;
- Não sabem o que fazer com funcionários desengajados;
- Não têm critérios definidos para promover um profissional;
- Não sabem lidar com conflitos;
- Não dominam os conteúdos programáticos para desenvolver as pessoas;
- Têm dificuldade em ter conversas difíceis;
- Não conseguem controlar o *turnover*;
- Desconhecem o motivo da rotatividade de colaboradores;
- Investem sem critério algum em palestras motivacionais;
- Não sabem como desenvolver o time de liderança.

A causa desses desafios é, na maioria das vezes, a falta de uma Inteligência Interna na empresa, capaz de criar um processo Inteligente de Recrutamento e Seleção. Inteligência Interna diz respeito à estratégia do negócio – e entenda estratégia como "saber o que fazer", "saber como fazer" e "capacidade de escolher".

No entanto, fica impossível ter um posicionamento estratégico se não se tem habilidades para lidar com a estratégia organizacional. E quando um gestor, seja ele um empresário ou mesmo um líder, delega a estratégia para quem está na operação, esta fica submetida àquilo que o time operacional sabe fazer, em vez de voltar-se ao que efetivamente precisa ser feito. Por isso que Jesus, pensando na estratégia do Seu projeto, não delegou Sua função a ninguém, Ele mesmo recrutou, selecionou e treinou todos do seu time.

É importante ressaltar que há uma cultura em algumas empresas de não valorizar a área de gestão de pessoas. O departamento de recursos humanos deve fazer parte das reuniões estratégicas que ocorrem nas empresas, pois as discussões sobre o futuro da organização estão 100% envolvidas nessa área.

Observe a figura a seguir. Se a empresa em que você atua hoje fatura 500 mil reais por mês, mas a meta é, em doze meses, alcançar o faturamento mensal de 1 milhão, a área de recursos humanos deve participar do processo de maneira íntegra e efetiva, pois é ela quem contratará novos profissionais com os comportamentos e perfis necessários para que a meta seja atingida, e ainda é ela que atuará no desenvolvimento dessas pessoas.

Em geral, os profissionais no Ponto A, que faturam 500 mil reais, dificilmente serão capazes de faturar 1 milhão. Se fossem, já estariam faturando!

APÓS A CONTRAÇÃO, É RESPONSABILIDADE DA ÁREA DE RECURSOS HUMANOS ASSUMIR O CONTROLE PARA O DESENVOLVIMENTO DO TIME.

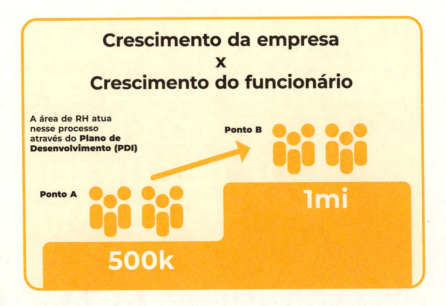

É exatamente nessa lacuna entre os pontos A e B que se encontra a inabilidade desses profissionais, e é onde a área de recursos humanos deve atuar.

Conduzir um grupo de colaboradores de um ponto a outro não é tão simples assim, pois requer competências diversas desse funcionário do RH, como saber identificar quais habilidades serão necessárias desenvolver e quais estratégias serão utilizadas, para que esse desenvolvimento ocorra dentro do prazo previsto pela meta da empresa.

Mas, caro leitor, não se desespere. É com imensa alegria que afirmo para você: seu caso tem solução!

É exatamente aí que começa todo o processo de um recrutamento inteligente, identificando o perfil, os talentos e quais habilidades esses candidatos já têm para contribuir para o crescimento da empresa, e também as que eles precisam

APRENDA A FAZER UM RECRUTAMENTO INTELIGENTE

desenvolver. E me refiro não somente aos recém-contratados, mas também aos que já estão na empresa e deverão ser recontratados a partir de um novo método.

Jesus Cristo utilizou várias técnicas que incluí no método que vou apresentar. Em uma das passagens bíblicas no Evangelho de Mateus (19:17-22), um jovem pergunta a Jesus: "Mestre, que farei de bom para ter a vida eterna?". Jesus lhe responde: "Se você quer entrar na vida, obedeça aos mandamentos" e, em seguida, cita os seguintes mandamentos: "'Não matarás, não adulterarás, não furtarás, não darás falso testemunho; honra teu pai e tua mãe' e 'amarás o teu próximo como a ti mesmo'". O jovem replica: "A tudo isso tenho obedecido. O que me falta ainda?". E Jesus conclui: "Se você quer ser perfeito, vá, venda os seus bens e dê o dinheiro aos pobres, e você terá um tesouro no céu. Depois, venha e siga-me". Contudo, o jovem, ouvindo essas palavras, retirou-se triste, porque possuía muitas propriedades.

Observe que a partir de uma única instrução ao jovem candidato, Jesus já compreende que ele não pode fazer parte do time, pois está desalinhado com a proposta do projeto.

O perfil comportamental desse sujeito não cabe no projeto de Jesus, bem como seu mindset também não se adequa ao do líder (Cristo) nem ao dos demais membros da equipe. Essa contratação daria muito trabalho, pois, primeiramente, Jesus teria de convencer esse candidato a mudar seu modelo mental e a abrir mão de valores que para ele eram importantes. E, o que seria ainda pior, ele poderia corromper o restante do grupo.

Como você pôde perceber, a palavra final na contratação vem do líder, que entende se o candidato de fato se adequa ao *fit cultural* da equipe na qual estará inserido. Contudo, após a contratação, é responsabilidade da área de recursos humanos assumir o controle para o desenvolvimento do time.

PLANO DE DESENVOLVIMENTO INDIVIDUAL

O RH entra em ação analisando os talentos e as habilidades de cada integrante das equipes para, assim, listar quais colaboradores deverão ser desenvolvidos e quais deverão ser retirados, haja vista que esses profissionais estão sendo mapeados durante todo o processo de desenvolvimento através do Plano de Desenvolvimento Individual (PDI).

O PDI nada mais é do que uma ferramenta voltada para o desenvolvimento do colaborador com habilidades e competências que se conectarão às estratégias organizacionais.

Se uma empresa entrou no mercado de importação e exportação, por exemplo, os colaboradores que tiverem funções alinhadas a esse novo processo deverão dominar outro idioma. Com o auxílio de profissionais do RH, esses colaboradores terão o seu PDI mapeado para esse objetivo. Vale lembrar também que a construção desse plano auxilia no desenvolvimento de habilidades técnicas e pessoais.

A falta de ferramentas como essa coloca a empresa em situações que poderiam ser evitadas. Por isso, é necessário dominar não apenas um processo inteligente de recrutamento e seleção, mas conhecer todo o sistema de gestão de pessoas e saber como esses desvios impactam no negócio. Tudo, porém, começa na contratação.

Sabemos que o trajeto de quem está à frente de um negócio, ou mesmo de um departamento, é muitas vezes solitário. Esses

APRENDA A FAZER UM RECRUTAMENTO INTELIGENTE

profissionais geralmente não têm com quem conversar sobre os pontos supracitados, o que os faz tomar decisões solitárias – e, por isso mesmo, muitas vezes equivocadas.

Sempre ficou muito claro para mim que esses profissionais, sejam eles empresários ou líderes, não têm dificuldades em aprender, mas sim em executar. Verificar a carência de um método 100% prático e eficaz para contratar pessoas e gerenciá-las foi a minha motivação. Desenvolvi uma maneira que ajudou centenas de milhares de profissionais e que agora ajudará você, leitor, por meio dessa obra que tem nas mãos.

Neurociência da Contratação® é um método formado por oito pilares e foi desenvolvida a partir de minhas muitas leituras, em meus mais de trinta e cinco anos de experiência no ambiente corporativo, inspirado no Mestre dos mestres, Jesus Cristo.

Conheça os oito pilares:

1. Descrição do cargo;
2. Especificidade comportamental;
3. Análise de Perfil Comportamental;
4. Análise de Modelo Mental;
5. Análise das respostas dos candidatos;
6. Construção de um manual de contratação;
7. Demissão é uma ferramenta de gestão;
8. Equipe engajada, empresa com resultado.

A proposta com essa metodologia é capacitar você a identificar os melhores candidatos ou funcionários e desenvolver seu senso crítico para determinar aqueles profissionais que vale a pena contratar, investir, treinar, promover ou demitir. Vamos ao método?

Capítulo

4

1° PILAR – DESCRIÇÃO DO CARGO PARA O ANÚNCIO DA VAGA

O primeiro pilar do **Método Neurociência da Contratação®** trata da **descrição do cargo**. Mas antes de falarmos sobre ela, vale ressaltar que, independentemente do tamanho da sua empresa ou da quantidade de pessoas que trabalham com você, todas as informações contidas neste capítulo são pertinentes para qualquer tipo, tamanho ou segmento de empreendimento.

Com isso em mente, o primeiro passo é entender o que é uma descrição de cargo, para que serve e como se faz.

DEFININDO A DESCRIÇÃO DE CARGO, PARA QUE SERVE E COMO SE FAZ

A descrição do cargo nada mais é do que um documento em que se registra, de maneira detalhada, o conjunto de atribuições que o ocupante daquele cargo deve desempenhar, além de especificar o nível de escolaridade que o profissional precisa ter para ocupá-lo, bem como a experiência prévia necessária e as demais informações pertinentes àquela posição.

Existem funções específicas que exigem certificações e titulações, como advogados, que precisam ter a carteira da Ordem dos Advogados do Brasil (OAB), ou médicos, que devem ter o número do Conselho Regional de Medicina (CRM). Nesses casos, essas informações também devem estar expostas na descrição do cargo.

Além disso, registram-se também nesse documento as habilidades necessárias para desempenhar as tarefas daquela função, além do perfil do cargo. A seguir, apresento um modelo de descrição de cargo para que você possa entender melhor.

LOGO DA EMPRESA	DESCRIÇÃO DE CARGO		

1. Função — ex.: Analista financeiro pleno

2. Principais atividades:

- Coleta e organização dos dados financeiros do departamento de contabilidade;
- Controle de contas a pagar e receber;
- Apoio do departamento contábil, análise de balanço e DRE;
- Análise e conferência em base de cálculo e impostos;
- Fechamento de relatórios financeiros mensais e apresentação para executivos;
- Conciliação bancária;
- Desenvolvimento e análise de viabilidade econômica (*valuation*);
- Desenvolvimento e controle de orçamento anual.

3. Competências:

3.1 Requisitos mínimos		3.2 Requisitos desejáveis	
Educação	Graduação em Gestão Financeira	Educação	Pós-graduação em finanças e controladoria
Experiência	4 anos	Experiência	5 anos
Treinamentos específico	Análise de Fundos Imobiliários	Treinamento específico	Investimentos internacionais
Outros requisitos		Outros requisitos	

3.3 Habilidades requeridas

Relacionamento interpessoal;	Iniciativa;
Facilidade de aprendizagem;	Visão analítica;
Foco e disciplina;	Capacidade de negociação;
Destreza numérica;	Planejamento;
Atenção/concentração;	Organização;
Domínio da função;	Flexibilidade;
Produtividade;	Outra.

PERFIL DO CARGO

4. Aprovação

_____

RH

Data da última revisão	

1º PILAR – DESCRIÇÃO DO CARGO PARA O ANÚNCIO DA VAGA

É de extrema importância que a empresa tenha a descrição de todos os cargos existentes, inclusive dos executivos, pois é comum, quando os diretores analisarem suas próprias descrições, perceberem que estão executando tarefas operacionais em vez de focarem a estratégia do negócio.

Caso a sua empresa não tenha esse tipo descrição de cargos, convido você a fazê-lo. Como você pode começar?

- Solicite que cada colaborador liste todas as atividades que realiza;
- Use o Google para se inspirar. Pesquise as descrições de cargos das funções que hoje seus colaboradores executam. Tenha várias descrições diferentes em mãos, assim, você poderá ter uma ideia bem próxima do que cada cargo deve fazer;
- Analise se cada descrição está compatível com o que seus funcionários realmente fazem. Caso não esteja, você pode realinhar funções.

Vale destacar que entre os cargos descritos existe uma hierarquia. Por exemplo, nas áreas administrativas, é comum haver uma classificação entre cargo júnior, pleno e sênior; em outras, as divisões são entre I, II e III. Vamos entender melhor cada uma delas:

- **Júnior:** são os que fazem parte da base, ou seja, são para profissionais que estão iniciando suas carreiras. Geralmente, as tarefas desse tipo de cargo são de complexidade muito baixa ou baixa, e seus ocupantes atuam como auxiliares de outros cargos superiores;
- **Pleno:** são cargos ocupados por profissionais com aproximadamente três a cinco anos de experiência na função. O grau

de complexidade das tarefas varia entre média e média-alta. Seus ocupantes já têm condições de planejar e analisar tarefas. Contudo, também auxiliam cargos superiores;

- **Sênior:** são ocupados por profissionais especialistas, pois o nível de complexidade das tarefas de um cargo "sênior" varia entre alto e muito alto. Seus ocupantes, além de planejar e analisar as tarefas, também estão na posição de tomada de decisões. O nível de responsabilidade aqui é grande, visto que esses profissionais já têm entre oito e dez anos de experiência e, na sua maioria, atuam como backup, ou seja, na ausência do líder, assumem a posição.

De uma maneira mais simplista, e para elucidar melhor a minha explicação, veja a tabela a seguir com a classificação desses cargos:

CLASSIFICAÇÃO DE CARGOS			
ATRIBUIÇÃO	**JÚNIOR (I)**	**PLENO (II)**	**SÊNIOR (III)**
Nível acadêmico	Graduado em alguma área	Graduado em alguma área	Pós-graduado em alguma área
Experiência profissional para ocupar a vaga	6 meses a 1 ano	3 a 5 anos	Acima de 8 anos
Tipo de atividade que realizará	Auxílio	Auxílio, análise e planejamento	Auxílio, análise, planejamento e decisão
Complexidade das tarefas	Baixa	Média	Alta
Exemplo de salário	R$ 2.000,00	R$ 4.000,00	Acima de R$ 8.000,00

Se você observar a tabela, verá que há também a classificação do nível acadêmico. O que isso quer dizer? Isso significa que o profissional só poderá ocupar o cargo seguinte se estiver dentro de todas as classificações que o cargo exige, entre elas, o nível de escolaridade.

Seguidos a esses cargos apresentados vêm os cargos de supervisão, coordenação, gerência e diretoria.

Obedecendo à estrutura que apresentei, você poderá dar início à construção da descrição de cargos da sua empresa. Essa proposta ajuda muito na gestão de pessoas, principalmente quando o assunto é promoção.

É comum as empresas promoverem seus colaboradores pautadas somente em critérios como comprometimento, confiança, engajamento, entre outros parâmetros intangíveis. Porém, à medida que a empresa cresce, essa prática torna-se um problema organizacional, já que permite que funcionários mais qualificados recebam menos e ocupem as mesmas posições que os demais.

ERROS COMUNS NAS DESCRIÇÕES DE CARGOS E OS IMPACTOS NA GESTÃO

Geralmente, a pequena e média empresa inicia suas atividades contratando colaboradores para o cargo de auxiliar administrativo, que, na verdade, "faz de tudo um pouco".

Isso acarreta grandes problemas quando o empreendimento cresce e novos funcionários chegam e são registrados com esse mesmo cargo, mas com salários diferentes e até exercendo outras funções. Você conhece uma empresa assim?

Por falta de conhecimento, os donos de pequenos e médios negócios criam vínculos emocionais com esses primeiros funcionários e, para valorizá-los, aumentam seus salários sem critério, sem comunicar que aquilo se trata oficialmente de uma promoção.

E por falar em promoção, existem dois tipos:

- **A promoção horizontal**: é aquela em que se mantém o colaborador no mesmo cargo, porém há um aumento de salário em virtude de um alto desempenho, destacando-o dos demais colegas de equipe. Em outras palavras, é um reajuste salarial por mérito;

- **A promoção vertical**: nesse tipo de promoção, o aumento de salário ocorre porque houve uma ascensão de cargo, por exemplo, de analista financeiro júnior para analista financeiro pleno. Esse tipo de promoção exige que o profissional tenha os requisitos do próximo cargo que vai assumir, como falar um segundo idioma, ter concluído uma pós-graduação etc.

Ao implantar uma cultura de promoção vertical, facilita-se a gestão de pessoas, pois o aumento salarial poderá acontecer desde que o colaborador tenha os requisitos necessários para obter a vaga, o que engaja os profissionais no próprio desenvolvimento e deixa claro a todos que não se trata de uma decisão única da empresa, mas também do interesse do funcionário em construir sua própria carreira. No entanto, vale destacar, a promoção acontece desde que haja uma vaga aberta para essa recolocação.

É DE EXTREMA IMPORTÂNCIA QUE A EMPRESA TENHA A DESCRIÇÃO DE TODOS OS CARGOS EXISTENTES, INCLUSIVE DOS EXECUTIVOS.

A IMPORTÂNCIA DA DESCRIÇÃO DE CARGOS NO ANÚNCIO DA VAGA

Agora que você já entendeu o quanto, de acordo com o **Método Neurociência da Contratação®**, é fundamental ter a descrição dos cargos da sua empresa para iniciar qualquer processo de recrutamento e seleção, vamos começar a pensar no anúncio da vaga.

Porém, antes de chegarmos a ele, penso que seja oportuno primeiro esclarecer a diferença entre recrutar e selecionar. Recrutar é o ato de divulgar a vaga. Recrutar nada mais é que anunciar, convidar uma pessoa para trabalhar para você. Selecionar é quando o candidato já foi recrutado, ou seja, já disponibilizou o currículo para sua análise.

Por isso, somente com a descrição das tarefas do cargo em mãos torna-se possível **publicar a vaga** e iniciar o processo de recrutamento e seleção. Volto a repetir: nunca publique uma vaga sem antes ter com clareza a descrição do cargo que será ocupado, pois ela lhe dará suporte para avaliar as competências técnicas de um profissional, o que chamamos de *hard skills*, além das *soft skills*, que estão relacionadas ao comportamento humano.

Jesus começou da mesma maneira quando decidiu recrutar os apóstolos. Com absoluta certeza, Ele já tinha em mãos a descrição do cargo de cada um antes de iniciar o processo de recrutamento. Como Ele fez isso?

1º PILAR – DESCRIÇÃO DO CARGO PARA O ANÚNCIO DA VAGA

Atuando como um headhunter,[10] Jesus caminhava para encontrar os melhores talentos, pois já tinha a clareza do projeto e de onde pretendia chegar. Em um primeiro momento, analisava as competências técnicas e emocionais desses possíveis candidatos. Um exemplo disso é o teste que o Mestre faz com Pedro (Lucas 5: 4-5).

Certo dia, Jesus caminhava à beira do lago Genesaré, rodeado por uma multidão que se juntara para ouvir o que Ele tinha a dizer. Então, Ele avistou dois barcos à beira do lago com pescadores que lavavam suas redes – entre eles, Simão, que posteriormente Jesus chama de Pedro.

Certo de que, entre as descrições de cargos dos seus apóstolos, Ele precisaria "contratar" pessoas com habilidades de pesca – não de peixes, mas sim de homens –, Jesus pediu a Simão Pedro que afastasse o barco da areia, sentou-se nele e começou a pregar para a multidão.

Depois disso o Mestre diz a Simão Pedro: "Vá para onde as águas são mais fundas" e para todos "lancem as redes para a pesca". Simão Pedro até argumenta com Ele: "Mestre, esforçamo-nos a noite inteira e não pegamos nada. Mas, porque és tu quem está dizendo isto, vou lançar as redes".

---

10 Headhunter é um profissional que desempenha um papel estratégico para a área de recrutamento e seleção. Ele busca os melhores profissionais no mercado e os convida a fazer parte da empresa que está representando. O headhunter pode atuar de maneira autônoma ou fazer parte do quadro de colaboradores do RH, trabalhando como um mediador entre a empresa que está contratando e o profissional candidato à vaga. Geralmente, as posições oferecidas por um headhunter são vagas de alto escalão, como cargos executivos, por exemplo.

Perceba que Jesus, embora não fosse pescador, dá ordem a um especialista na área, Simão Pedro, que vai até lá e faz o que o Mestre pediu.

Acredito eu que Simão Pedro – que, conforme narram as escrituras, tinha um temperamento forte – não era um sujeito fácil de lidar, tampouco estava habituado a fazer o que qualquer pessoa pedia. Por que ele cumpriu a ordem de Jesus tão facilmente? Porque viu credibilidade nEle.

Quando você publica uma vaga, a sua empresa e os seus líderes passam credibilidade para os candidatos?

Quando Jesus deu essa ordem a um simples pescador, penso que Ele já estava testando Simão Pedro. O Mestre, na ocasião, avaliou não apenas a competência técnica de saber pescar, mas principalmente *soft skills* como obediência, paciência de voltar ao mar, respeito ao receber ordens de alguém que não atuava na mesma área, tolerância ao não reclamar por estar cansado; e a própria credibilidade que Ele tinha para fazer com que o pescador o ouvisse.

Quais testes práticos você aplica nos profissionais que farão parte do seu time? Ao seguir os passos de Jesus, você observará que todo o Seu time passava por dinâmicas, ora em grupo, ora individuais.

E detalhe: Jesus não se sensibilizou com o cansaço de Simão Pedro, mesmo sabendo que o pescador tinha trabalhado a noite toda sem pescar nada. A vaga para a qual Simão Pedro estava sendo recrutado exigia uma pessoa com perfil mais racional do que emocional, um perfil mais rígido do que flexível, alguém mais focado em resultados do que em cultivar relacionamentos.

1° PILAR – DESCRIÇÃO DO CARGO PARA O ANÚNCIO DA VAGA

E você? O que norteia o seu processo de recrutamento e seleção? O seu emocional fala mais alto? Como você pode descobrir isso?

Seu processo de recrutamento e seleção é baseado nas emoções quando você decide uma contratação a partir das seguintes premissas:

- Vou contratar essa pessoa porque ela está desempregada;
- Vou contratar essa pessoa porque ela precisa pagar o aluguel;
- Vou contratar essa pessoa porque ela está passando muitas necessidades.

Entre outros motivos.

Veja bem, não há nada de mal em escolher alguém a partir desses itens, desde que você atenda ao questionamento: *Esse candidato tem as competências da descrição do cargo em que vai atuar a ponto de atingir os objetivos estratégicos da minha empresa?* Em outras palavras, a contratação desse candidato levará a minha empresa para o próximo nível? A entrada desse novo profissional ajudará a organização a atingir as metas?

Observe que o foco inicial de um processo de seleção está em ter a clareza das tarefas que esse profissional deverá cumprir, e isso você só saberá ao ter uma descrição de cargos bem elaborada. Quando uma empresa investe nesse documento-chave, torna-se muito fácil fazer a gestão de pessoas e, consequentemente, gerenciar o negócio, pois medidas disciplinares, treinamentos e promoções só se fazem de maneira assertiva quando se tem a descrição de todos os cargos.

Outro critério curioso da parte de Jesus ao recrutar pessoas é que, nesse período inicial, esses homens pescadores não seguiam o Mestre em tempo integral, pois todos tinham suas ocupações e trabalhavam. Logo, "estar trabalhando" era um critério para Ele recrutar aqueles que o seguiriam e seriam convertidos à Sua proposta.

Por isso acho curioso quando escuto de empresários, líderes e profissionais de RH que preferem contratar pessoas que não estão trabalhando. Quando questiono o motivo dessa prática, recebo sempre a mesma resposta: "Eu prefiro contratar quem não está trabalhando porque temo chamar alguém empregado e, depois, essa pessoa não se adaptar à minha empresa".

O que será que está por trás desse medo?

Empresário, se você não acreditar que tem a melhor empresa em que alguém possa trabalhar, ninguém acreditará! Se você não acreditar na sua credibilidade e reputação para atrair os melhores candidatos, ninguém acreditará! Se a sua empresa não investir em ser a melhor para os funcionários, dificilmente você formará um time de alto desempenho.

Lembre-se: comece sempre pela descrição de todos os cargos da sua empresa. Ah! E não se esqueça de que o primeiro cargo a ser descrito é o seu!

SE VOCÊ NÃO ACREDITAR QUE TEM A MELHOR EMPRESA EM QUE ALGUÉM POSSA TRABALHAR, NINGUÉM ACREDITARÁ!

Capítulo

5

2º PILAR – ESPECIFICIDADE COMPORTAMENTAL

 maioria das empresas não tem ideia do que seja a especificidade comportamental de um profissional, por isso incluí esse importantíssimo pilar no **Método Neurociência da Contratação®**.

Especificidade comportamental nada mais é que o comportamento ideal de um funcionário daquela organização. Esse conjunto de reações que nascem e formam o comportamento de um indivíduo deve dialogar com a missão, a visão, os valores e a cultura organizacional da empresa.

Por exemplo, é bem difícil um colaborador vegano, adepto a movimentos ativistas contra a matança de animais, ter sucesso trabalhando em um frigorífico. Claro que esse é um exemplo extremo, mas é exatamente o que acontece com as contratações erradas que nascem quando se usa como critério apenas excelentes currículos. Se a especificidade comportamental do indivíduo não estiver alinhada à especificidade comportamental da empresa, nenhum dos dois terá sucesso.

Talvez você esteja pensando: *Como posso descobrir isso na entrevista? Como farei para avaliar isso em um candidato?*

Eu posso lhe garantir que é muito fácil!

Basta você utilizar uma ferramenta que adaptei dos estudos de Mark Murphy, fundador e CEO da Leadership IQ, e utilizo com todos os meus clientes de consultoria – uma ferramenta que, inclusive, deve ser aplicada a quem já faz parte do quadro de colaboradores. Mas não se espante ao descobrir a quantidade de pessoas desalinhadas que existem na sua empresa. Muitas vezes, isso explica o clima organizacional ruim.

Porém, antes de lhe apresentar a ferramenta e ensinar como usá-la, preciso reforçar que só terão sucesso com esse pilar as empresas que de fato têm bem definidos – e vivem – a missão, a visão, os valores e a cultura organizacional.

MISSÃO, VISÃO, VALORES E CULTURA ORGANIZACIONAL

É comum empresas buscarem consultores para ajudá-las a desenvolver algo que deveria nascer antes mesmo de a empresa ser fundada. É fato também que, em algumas organizações, missão, visão e valores estão pendurados em placas nas paredes, em destaque no site ou até no crachá do colaborador, mas pouquíssimas são as que de fato vivem o que está escrito.

Em minhas reuniões com diretores executivos e até profissionais de recursos humanos que me contratam para consultorias em gestão estratégica de RH, ou mesmo para treinar times de liderança, sempre pergunto: "Qual é a missão, a visão e os valores da sua empresa?". Confesso que não fico mais surpresa quando não me respondem, quando dizem que não têm, nem quando me pedem para aguardar um momento enquanto consultam o site.

Lembro-me do caso de uma empresa que me contratou para implantar RH Estratégico, modelo de gestão e liderança de pessoas, e foi necessário trocar praticamente toda a liderança, a começar pelo diretor de RH. Nessa empresa, o que mais me marcou foi a primeira reunião que fiz com esse executivo para apresentar o projeto. Solicitei a missão e a visão da empresa, e ele rapidamente saiu da sala, foi até a recepção, tirou uma foto

2º PILAR – ESPECIFICIDADE COMPORTAMENTAL

e me trouxe. Pasmem, nem o diretor de RH sabia ao certo por que é que ele trabalhava naquele local!

Essas respostas já me poupam de fazer qualquer outro diagnóstico para compreender os motivos de a empresa não ter sucesso nas contratações, apresentar alto índice de *turnover*, vivenciar um clima organizacional ruim e permanecer assim.

O principal motivo para tanto *turnover* nas organizações é o fato de que os colaboradores estão totalmente desconectados da missão da empresa.[11] Aliás, muitos deles nem chegaram a se conectar, e está aí mais uma falha no processo de recrutamento e seleção. A razão pela qual um colaborador decide trabalhar para você ou decide ir embora está totalmente relacionada com a missão da empresa.

Por isso, antes de abordarmos as especificidades comportamentais dos seus colaboradores, é fundamental ter em mãos a missão, a visão, os valores e a cultura da empresa. Veja em que fase você está:

- Se a sua empresa tem a missão, a visão, os valores e a cultura bem definidos e já vive isso, basta que você tenha tudo isso em mãos para iniciarmos em breve a aplicabilidade da ferramenta;
- Se a sua empresa tem a missão, a visão, os valores e a cultura, mas não vive isso; se esses princípios são apenas uma placa decorativa na parede, você precisará

---

11 ROHR, R. Entenda o que é turnover, como calcular e o impacto na empresa. **Mereo**, 22 set. 2022. Disponível em: https://mereo.com/blog/turnover/. Acesso em 10 dez. 2022.

implementá-los, pois essa atividade impactará diretamente no sucesso ou no fracasso das suas contratações;

- Se a sua empresa não tem definidos a missão, a visão e
os valores, não há uma boa cultura definida, então chegou o momento de fazer isso e, assim, construir as bases
do processo de recrutamento e seleção de qualidade.

Construir missão, visão e valores

Essa não é uma tarefa fácil, pois exige muita reflexão por
parte dos fundadores, dos sucessores e até das lideranças da
empresa. Existem alguns conceitos que nos ajudam nessa reflexão, como: a **visão** de empresa busca responder a questão
aonde ela quer chegar, enquanto a **missão** está relacionada a
como (de que forma) a empresa chegará lá.

Os valores são entendidos como a "lista de itens que não se
negocia" para que a empresa chegue lá, enquanto a maneira
como as pessoas se comportam para fazer com que a empresa
chegue lá forma a cultura organizacional.

A estratégia de um negócio é baseada na missão, na visão
e nos valores, enquanto a cultura define como será o comportamento das pessoas para realizar a estratégia. Veja a seguir
os exemplos de missão, visão e valores de duas empresas de
tecnologia:[12]

---

12 A missão, a visão e os valores da Microsoft e da Apple foram extraídas do site
https://esagjr.com.br/blog/missao-visao-e-valores/

2º PILAR – ESPECIFICIDADE COMPORTAMENTAL

	MICROSOFT	APPLE
VISÃO	Disponibilizar às pessoas software de excelente qualidade – a qualquer momento, em qualquer local e em qualquer dispositivo.	Produzir produtos de alta qualidade e de fácil uso que incorporam alta tecnologia para o indivíduo, provando que alta tecnologia não precisa ser intimidadora para aqueles que não são experts em computação.
MISSÃO	Nossa missão é capacitar todas as pessoas e organizações do planeta a conquistar mais.	A Apple está comprometida a levar a melhor experiência de computação pessoal a estudantes, educadores, profissionais criativos e consumidores do mundo todo através de seu hardware, software e serviços de internet inovadores.
VALORES	• Integridade e honestidade; • Empenho para com os clientes, parceiros e tecnologia; • Abertura e respeito para com os outros e empenho para contribuir para o seu desenvolvimento; • Capacidade para aceitar grandes desafios e conduzi-los até o final; • Atitude crítica, dedicação para com a qualidade e melhoramento pessoal; • Assumir plena responsabilidade dos compromissos, resultados e da qualidade perante os clientes, acionistas, parceiros e colaboradores.	• Inovação; • Qualidade e excelência; • Simplicidade é melhor que complexidade.

A partir dessa clareza de missão, visão e valores, a organização alinha seu propósito e promove muitas reflexões e decisões sobre o presente e o futuro da companhia.

É importante dizer que a missão, a visão e os valores da empresa poderão mudar no decorrer dos anos. Tal mudança ocorre quando novos rumos são definidos. Por exemplo, uma empresa pode iniciar suas atividades querendo apenas ser "a melhor empresa do segmento gastronômico do interior de São Paulo", entretanto, anos depois da fundação, o foco da organização pode estar em ser "a melhor empresa do segmento gastronômico do Brasil".

Essa nova visão deve estar atrelada a uma mudança no perfil comportamental dos profissionais, e à adoção de uma nova estratégia na área de recursos humanos para contribuir para que isso aconteça.

Já ao se tratar da cultura, é importante esclarecer que toda empresa tem uma. A cultura é intencional ou se estabeleceu por acaso, mas não existe empresa sem uma cultura, haja vista que ela é a expressão do comportamento dos colaboradores. Por exemplo, uma empresa de tecnologia provavelmente tem uma cultura flexível, colaborativa, inovadora, que lida bem com mudanças rápidas, enquanto uma empresa familiar e mais conservadora pode ter uma cultura mais paternalista. Pense na sua empresa: qual é a cultura dela?

Todo processo de recrutamento e seleção bem-sucedido está alicerçado nestes quatro itens: missão, visão, valores e cultura. Jesus também não renunciou a isso ao pensar no time de que precisava.

TODO PROCESSO DE RECRUTAMENTO E SELEÇÃO BEM-SUCEDIDO ESTÁ ALICERÇADO NESTES QUATRO ITENS: MISSÃO, VISÃO, VALORES E CULTURA. JESUS TAMBÉM NÃO RENUNCIOU A ISSO AO PENSAR NO TIME DE QUE PRECISAVA.

Enquanto a **visão** de Jesus foi a de salvar, retirar a humanidade do reino das trevas e introduzi-la no reino da luz, a missão do Mestre aqui na Terra foi fazer isso pela expiação, [13] ou seja, através do sacrifício.

Jesus veio com a missão de se sacrificar por nós. E, para acompanhá-Lo e passar por tudo o que viria a enfrentar, o Mestre sabia que precisaria de um time com uma missão de vida muito forte para suportar tudo o que passariam juntos, sem pedir demissão no meio do caminho.

A obra de Jesus era grande, embora com um prazo curto de apenas três anos. Ele não podia errar nessa contratação, pois não teria tempo. O Mestre teria de contratar, desenvolver habilidades técnicas e, principalmente, emocionais, eleger um líder, conhecer as competências de todos para distribuir os cargos entre os apóstolos com a certeza de que eles executariam as tarefas com excelência e dariam a própria vida para continuar o Seu legado. E assim o fez.

O Mestre dos mestres desenvolveu valores no seu time através de parábolas, pregando o amor, a fé, a amabilidade, o respeito, a honestidade, a alegria, a humildade e a gratidão. E o mais interessante: Jesus vivia esses valores para, assim, poder cobrar do time.

E na sua empresa? A liderança vive os valores que são declarados no site? Esse é o melhor treinamento que existe!

---

13 Expiação é uma palavra de que tem origem no latim *expiatione*. Essa palavra aparece em algumas versões da na Bíblia e tem como significado "sacrifício". Em Levítico 16:16, está escrito: "Assim fará expiação pelo santuário por causa das imundícias dos filhos de Israel e das suas transgressões, e de todos os seus pecados". Disponível em: https://bo.net.br/pt/jfacf/levitico/16/16/. Acesso em: 14 dez. 2022.

2º PILAR – ESPECIFICIDADE COMPORTAMENTAL

As empresas que ainda estão engatinhando para consolidar a missão, a visão, os valores e a cultura organizacional têm uma grande oportunidade para envolver a área de recursos humanos em um contundente projeto de endomarketing, como veremos no próximo item.

O QUE É ENDOMARKETING E COMO O RH PODE SER O AGENTE DE TRANSFORMAÇÃO?

Podemos entender endomarketing como uma estratégia de marketing que a empresa utiliza com base no relacionamento com os funcionários. Da mesma forma que uma empresa, quando busca crescer e vender mais, direciona todas as suas ações ao marketing; quando a intenção é consolidar uma nova cultura, solidificar a missão, a visão e os valores organizacionais, a empresa investe no endomarketing.

Mas já esclareço que fazer endomarketing é muito mais do que comemorar aniversário do funcionário, deixar recados animados no mural ou mensagens motivacionais nos holerites. Investir nessa estratégia é proporcionar:

- Treinamentos e capacitações com o objetivo de disseminar a missão, visão e valores organizacionais;
- Investir em uma cultura de feedbacks e diálogos abertos;
- Promover eventos exclusivos e interessantes para os colaboradores;
- Ajustar a comunicação interna a fim de criar uma atmosfera agradável na empresa.

Você deve estar se perguntando: *O que isso tem a ver com todo o processo de recrutamento e seleção?* Pois é, caro leitor, tem tudo a ver!

As ações de endomarketing objetivam aumentar o engajamento dos colaboradores a partir de um senso de pertencimento, promovendo a grande satisfação que é trabalhar na empresa. Quando isso acontece, os próprios funcionários se tornam o marketing da empresa, divulgando fora dela o quanto é bom trabalhar ali.

Com isso, amplia-se o valor e a reputação da empresa no mercado, fazendo com que os melhores candidatos se sintam atraídos, promovendo, no processo de recrutamento, a possibilidade de escolha a partir dos melhores currículos, e não o inverso.

Jesus praticava o endomarketing com seus apóstolos. Uma passagem registrada no Evangelho de Lucas conta:

> Certa vez Jesus estava orando em particular, e com ele estavam os seus discípulos; então lhes perguntou: "Quem as multidões dizem que eu sou?". Eles responderam: "Alguns dizem que és João Batista; outros, Elias; e, ainda outros, que és um dos profetas do passado que ressuscitou". "E vocês, o que dizem? ", perguntou. "Quem vocês dizem que eu sou? " Pedro respondeu: "O Cristo de Deus". (Lucas 9:18-20)

Você pode fazer esse teste na sua empresa. O que os colaboradores dizem sobre seus líderes e sua empresa para os amigos, parentes etc.? Empresário, o que seus funcionários dizem sobre você na sua ausência?

Quando a cultura organizacional está alinhada com os propósitos da empresa, quando os colaboradores sabem exatamente qual é a missão, a visão e os valores da organização, facilmente se tem uma empresa de sucesso, pois todos os funcionários passam a ter a especificidade comportamental da companhia.

2º PILAR – ESPECIFICIDADE COMPORTAMENTAL

CONSTRUINDO A ESPECIFICIDADE COMPORTAMENTAL

Agora que você já entendeu a necessidade de se estabelecer uma cultura em que a missão, a visão e os valores organizacionais estão intrínsecos nos funcionários, chegou o momento de desenhar o perfil do funcionário ideal.

É importante que a atividade a seguir seja feita a partir de uma reunião de *brainstorming*[14] que deve causar muitas reflexões. Os principais participantes dessa reunião devem ser o empresário, um líder, um profissional do RH e um ou dois dos melhores funcionários da empresa.

O objetivo é chegar em um senso comum e desenhar qual é o comportamento específico que o candidato deve ter para ser selecionado para uma entrevista e, se for aprovado, assumir o cargo na empresa.

Nessa reunião, vocês devem seguir este passo a passo:

1. Selecione **três palavras ou termos importantes** que estão escritos na **missão da empresa**.
   Exemplo: "A Apple está **comprometida** a levar a melhor experiência de computação pessoal a estudantes, educadores, profissionais **criativos** e consumidores do mundo todo através de seu hardware, software e serviços de internet **inovadores.**"

---

14 Reunião de *brainstorming* (em tradução livre, tempestade de ideias) é uma técnica de reunião que tem como premissa estimular o surgimento de soluções criativas a partir do compartilhamento de ideias, sugestões e opiniões.

2. **Palavras:** Comprometimento; criatividade e inovação. Selecione **três palavras ou termos importantes** escritos na **visão da empresa.**

   Exemplo: "Produzir produtos de **alta qualidade** e de fácil uso que incorporam alta tecnologia para o indivíduo, provando que **alta tecnologia** não precisa ser intimidadora para aqueles que não são **experts** em computação."

   - **Palavras:** Qualidade, Tecnologia, Expertise (Especialistas).

3. Selecione **três valores** importantes da empresa:
   - Inovação;
   - Qualidade e Excelência;
   - Simplicidade é melhor que complexidade.

4. Selecione **três características** importantes da **cultura** da empresa:
   - Flexível;
   - Colaborativa;
   - Inovadora.

A partir dos termos selecionados em cada item – missão, visão, valores e cultura –, vocês devem diminuir para apenas uma palavra cada, aquela que considerarem mais significativa para esse âmbito da empresa. Veja o exemplo a seguir:

- Missão = Criativo;
- Visão = Expert (especialista);
- Valores = Inovação;
- Cultura = Colaborativo.

Parabéns! Você descobriu a especificidade comportamental do profissional ideal para essa empresa. Um sujeito criativo,

JESUS PRATICAVA O ENDO-MARKETING COM SEUS APÓSTOLOS.

com forte atitude de um expert, com características inovadoras e colaborativas.

Você pode utilizar a ferramenta abaixo e preencher todos os campos:

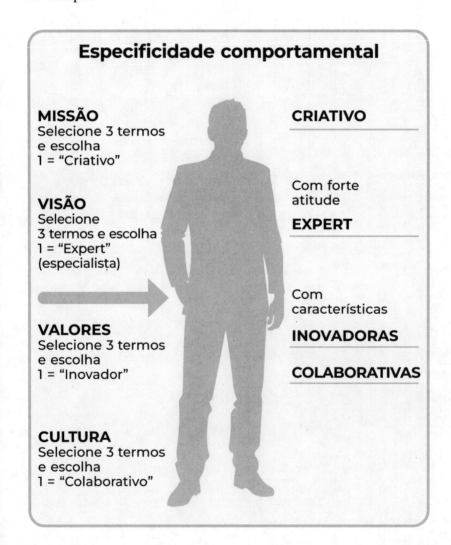

2º PILAR – ESPECIFICIDADE COMPORTAMENTAL

Após identificar qual é a especificidade comportamental do profissional ideal, todos os candidatos aprovados na entrevista devem apresentar essas características, caso contrário, sabemos que a chance de a contração fracassar é muito grande.

Essas características devem ser descobertas nas entrevistas, ou seja, o recrutador dever criar estratégias que permitam identificar se o candidato possui ou não esses comportamentos específicos.

De nada adianta um currículo excepcional, com experiências no exterior, por exemplo, se essas características fogem do perfil empresarial. Lembre que essas características comportamentais dificilmente serão desenvolvidas em salas de treinamento. O empresário pode até tentar, mas, para que isso aconteça, o candidato precisará de um motivo muito forte, e a empresa deve estar consciente de que esse processo levará muito tempo.

Com todas essas informações, agora é a sua vez de identificar qual é o candidato ideal para trabalhar na sua empresa. Você está pronto?

Capítulo 6

3º PILAR – ANÁLISE DO PERFIL DA VAGA E DO PERFIL COMPORTAMENTAL

ste pilar é de extrema importância, pois, após identificar a especificidade comportamental necessária para trabalhar na empresa, chegou o momento de aprender a identificar o perfil comportamental do candidato, análise que permitirá conectá-lo com o perfil da vaga.

Em 1928, um psicólogo chamado William Moulton Marston publicou um livro bastante conhecido nos meios comportamentais, chamado *As emoções de pessoas normais*.[15] Nesse livro, o autor relata quatro dimensões do comportamento humano.

Desde a classificação feita por Marston, o mercado passou a oferecer diversas ferramentas, conhecidas como *assessments* (ou avaliações, em tradução livre), em que é possível identificar, a partir da análise de um relatório, quais são os padrões de comportamento de um indivíduo, bem como traços de sua personalidade, métricas das suas habilidades, competências e talentos, consolidando um modelo mental.

Uma das ferramentas mais conhecidas é o DISC®, que traz uma metodologia capaz de medir o perfil comportamental a partir das características dominantes em cada indivíduo, entre elas a liderança, a comunicação, a estabilidade emocional e a capacidade analítica do avaliado. A partir dessa metodologia, muitas outras ferramentas surgiram no mercado com a mesma proposta, aperfeiçoando ainda mais os relatórios.

---

15 MARSTON, W. M. **As emoções das pessoas normais**. São Paulo: Success for You, 2016.

Um dado importante para esclarecer aqui é que as histórias de vida pessoal, somadas à cultura do país, têm uma grande relevância nos resultados apresentados por essas ferramentas, classificando assim o comportamento de um indivíduo. Essa informação foi extraída diretamente do site,[16] que traz inúmeras informações importantes sobre o método de análise.

Esse esclarecimento é de grande valia, sobretudo ao utilizar esse tipo de teste como algo definitivo, seja no processo de recrutamento e seleção ou mesmo na definição do perfil da vaga.

Independentemente do *assessment* que você optar utilizar, quase todos basearam-se nos estudos de Marston e classificam as pessoas em quatro dimensões ou tipos, chamados de perfis comportamentais:

- Dominante ou executor;
- Influente ou comunicador;
- Submisso ou planejador ou estável;
- Conforme ou analista.

Tais ferramentas começaram a ser aplicadas nas empresas com o intuito de validar o perfil comportamental dos profissionais, com o objetivo de identificar se aquela vaga ocupada por aquele profissional estava alinhada a suas características de personalidade.

---

16 DISC. Disponível em: https://www.disc.com.br. Acesso em: 10 out. 2022.

3° PILAR – ANÁLISE DO PERFIL DA VAGA E DO PERFIL COMPORTAMENTAL

Hoje, com a evolução estratégica da área de recursos humanos, ferramentas de análise de perfil também são utilizadas para classificar o perfil do cargo da empresa, contratar colaboradores, promover profissionais a outros cargos, gerenciar a carreira e até como auxiliar na tomada de decisão sobre uma possível demissão. É possível fazer até mesmo orientação profissional com ferramentas com esse alcance.

Atualmente atendo, com grande demanda, como analista comportamental de diversas empresas, avaliando seus times de liderança e a equipe de base. Contudo, é comum, no meu escritório, atender também profissionais que buscam esse tipo de devolutiva de maneira autônoma, ou seja, sem nenhum vínculo empresarial, pois profissionais de alto desempenho se responsabilizam pela própria carreira e fazem questão de acompanhar o índice da sua autoperformance.

Como vimos logo no início do livro com a descrição de cargos, após listar todas as tarefas daquele cargo, é importante identificar qual é o perfil que um colaborador deve ter para ocupar aquela posição, o que chamamos de perfil do cargo, conforme figura a seguir:

LOGO DA EMPRESA	DESCRIÇÃO DE CARGO

1. Função	ex.: Analista financeiro pleno

2. Principais atividades:

- Coleta e organização de dados financeiros do departamento de contabilidade;
- Controle de contas a pagar e receber;
- Apoio do departamento contábil, análise de balanço e DRE;
- Análise e conferência em base de cálculo e impostos;
- Fechamento de relatórios financeiros mensais e apresentação para executivos;
- Conciliação bancária;
- Desenvolvimento e análise de viabilidade econômica (valuation);
- Desenvolvimento e controle de orçamento anual.

3. Competências:

3.1 Requisitos mínimos		**3.2 Requisitos desejáveis**	
Educação	Graduação em Gestão Financeira	**Educação**	Pós-graduação em finanças e controladoria
Experiência	4 anos	**Experiência**	5 anos
Treinamentos específico	Análise de Fundos Imobiliários	**Treinamento específico**	Investimentos internacionais
Outros requisitos		**Outros requisitos**	

3.3 Habilidades requeridas

Relacionamento interpessoal;	Iniciativa;
Facilidade de aprendizagem;	Visão analítica;
Foco e disciplina;	Capacidade de negociação;
Destreza numérica;	Planejamento;
Atenção/concentração;	Organização;
Domínio da função;	Flexibilidade;
Produtividade;	Outra.

PERFIL DO CARGO

4. Aprovação

_____

RH

Data da última revisão	

É IMPORTANTE IDENTIFICAR O PERFIL QUE UM COLABORADOR PRECISA TER PARA OCUPAR DETERMINADA POSIÇÃO NA EMPRESA.

Para descobrir o perfil ideal para cada cargo, vamos estudar um pouco mais sobre os perfis comportamentais que Marston classificou e suas principais características.

A grande maioria das pessoas apresentam dois perfis predominantes, por exemplo, geralmente quem é "Dominante", característica de um perfil de liderança, também tem traços fortes do "Influente", ou seja, atitudes e comportamentos de um comunicador, o que chamamos de DI (Dominante Influente), e o inverso também é verdadeiro – ID (Influente Dominante).

Da mesma maneira, um perfil "Estável", aquele tipo de pessoa com perfil mais calmo e tranquilo, também tem traços fortes de um perfil "Conforme", ou seja, dotado de fortes características analíticas, bastante organizado, que apresenta muita qualidade no que faz – EC (Estável Conforme). O inverso também ocorre, um perfil apresentar características analíticas e calmas, sendo um CE (Conforme Estável).

Perfis DI e ID são chamamos de irmãos, assim como os perfis EC e CE, por exemplo. Isso significa que são perfis comuns, ou seja, a maioria das pessoas possuem a junção desses dois comportamentos dominantes.

Temos também "perfis primos", ou seja, perfis que apresentam uma junção de característica mais rara, por estarem nos extremos dos comportamentos, como DC (Dominante Conforme), por exemplo, no qual, enquanto o "D" impulsiona o indivíduo a tomar decisões rápidas e pouco pensadas, o "C" age totalmente ao contrário, fazendo com que o sujeito procrastine diante da quantidade de reflexão que faz em qualquer tomada de decisão. Essas extremidades ocorrem também com os perfis CD (Conforme Dominante), DE (Dominante Estável),

ED (Estável Dominante), IE (Influente Estável), EI (Estável Influente), IC (Influente Conforme) e CI (Conforme Influente).

Temos ainda perfis raros, formados por três categorias predominantes que podem incluir classificações como DEC (Dominante Estável Conforme), IEC (Influente Estável Conforme), e as demais variações que possam ocorrer nos quatro perfis.

Jesus, ao contratar seu time, também pensou nisso e selecionou doze pessoas com perfis bastante diferentes, levando em consideração a posição que cada uma ocuparia no grupo, suas descrições de cargos e os desafios que enfrentariam e seriam capazes de suportar a fim de cumprir a meta.

Apresento a seguir as características de cada um dos perfis DISC® e arrisco apontar o perfil comportamental de cada um dos discípulos considerando as características apontadas nas histórias bíblicas. Aproveite para se autoanalisar. Vamos lá?

PERFIL COMPORTAMENTAL DOMINANTE

Também conhecido como executor, tem como característica mais forte a liderança. Pessoas com esse perfil têm como premissa buscar o resultado e ficam extremamente realizadas quando movidas por desafios.

A palavra de ordem desses profissionais é eficácia. São conhecidos por trabalharem muito e, em alguns casos, têm tendência a ser workaholics.[17] Dos quatro perfis, eles se destacam por serem autoconfiantes, enérgicos, bastante competitivos e corajosos, e costumam liderar o ambiente de maneira natural.

---

17 O termo workaholic caracteriza uma pessoa viciada em trabalho, incapaz de se desligar até nos momentos de lazer.

São movidos por metas e se estressam com facilidade. Por serem bastante práticos para tomar decisões, geralmente são mal compreendidos, pois podem passar a impressão de frieza e pouca empatia.

Os dominantes necessitam ter o controle nas mãos e liderar o grupo, por isso precisam melhorar o relacionamento interpessoal e têm pouca tolerância com as pessoas, principalmente com as preguiçosas e as que não têm o mesmo ritmo frenético que eles.

Simão Pedro, considerado um dos primeiros apóstolos a ser escolhido por Jesus, de acordo com Evangelho de Mateus (4:18-19),[18] era um sujeito de comportamento explosivo e muito impulsivo. Primeiro agia, depois pensava em como resolveria, como podemos perceber na passagem que relata quando ele decepa a orelha do servo de um sacerdote em ocasião de uma discussão (João 18:10).

Percebemos características muito fortes de um perfil comportamental com alto D (Dominante) e I (Influente). O fato de ele deixar o trabalho de pescador, bem como a sua família[19] para acompanhar a Cristo, revela-nos que ele era uma pessoa autossuficiente, movida por desafios, corajosa – típico de quem

---

[18] Mateus 4:18-19 "Andando à beira do mar da Galileia, Jesus viu dois irmãos: Simão, chamado Pedro, e seu irmão André. Eles estavam lançando redes ao mar, pois eram pescadores. E disse Jesus: "Sigam-me, e eu os farei pescadores de homens".

[19] Acredita-se que Pedro era casado, pois, a Bíblia cita que ele tinha sogra. "A sogra de Simão estava de cama, com febre" (Marcos 1:30)

resolve tudo a sua maneira e está disposto a pagar o preço para cumprir o seu propósito.

André, irmão e sócio de Simão Pedro, também tinha barco de pesca e funcionários próprios e, assim como o irmão, abandonou tudo para seguir a Jesus, o que indica que tinha um perfil D (Dominante), rápido nas decisões, considerando também o tino para o empreendedorismo.

Porém, diferentemente de seu irmão Pedro, André apresentava características analíticas, típicas de um alto C (Conforme): muito organizado, cumpria regras com facilidade, além de ter capacidade analítica e visão de futuro. Foi André que apresentou Pedro a Jesus (João 1:40-42), da mesma forma que, no episódio do milagre dos pães (João 6:5-9), foi ele quem apresentou a Jesus o menino que tinha os três pães e os dois peixes.

Simão, o zelote, também de personalidade forte e Dominante (D), fazia parte de um grupo chamado Os Zelotes, que lutavam contra a libertação de Israel dos Romanos. Era rebelde, mas também metódico e bastante detalhista, o que lhe garantia uma forte característica analítica, ou seja, bastante Conforme (C).

Pode-se identificar um perfil de liderança (D – Dominante) também em **Tiago**, filho de Zebedeu, que, embora fosse enérgico com a equipe, tinha um comportamento mais equilibrado, o que o fazia ter bastante flexibilidade para lidar com as pessoas, uma forte característica do perfil Estabilidade (E).

E, ao contrário do que muitos pensam, **Judas Iscariotes** tinha um perfil bem parecido com o de Tiago, filho de Zebedeu. Era um dos mais instruídos e ao mesmo tempo que era um líder

Dominante (D), responsável por cuidar de todo o dinheiro do grupo, também tinha um jeito tranquilo, e muita paciência para lidar com as pessoas, o que o fazia ter bastante estabilidade (E). Era visto como um exemplo para os demais discípulos e não havia críticas sobre a sua pessoa, mesmo que não fosse fácil se relacionar com ele.

Observe que citei quatro tipos de líderes, todos dominantes, mas com características bem diferentes entre si.

Em um processo de recrutamento e seleção, você deve conhecer essas diferenças, pois, no momento de um feedback, são com essas características que você terá de lidar.

E aí, você é um Dominante (D)? Conhece pessoas assim?

PERFIL COMPORTAMENTAL INFLUENTE

Também conhecido por outras ferramentas de *assessment* como Comunicador, o perfil Influente define uma personalidade motivada, criativa e entusiasmada, que tem necessidade de estar com pessoas e que se relaciona com muita facilidade.

Dos quatro perfis, o Influente é o mais carismático e o que mais pensa na qualidade de vida. Se esse candidato está precisando de emprego, é muito provável que na entrevista ele afirme que concorda em trabalhar todos os fins de semana, mas será o primeiro a se desmotivar quando perceber que outras pessoas estão passeando enquanto ele está trabalhando.

O perfil Influente tende a ter características de líder, por isso é facilmente promovido a esse cargo, mas sua indisciplina, desorganização, procrastinação e vitimismo, mais explícitos quando recebem um feedback não agradável, colocam em xeque sua competência.

3º PILAR – ANÁLISE DO PERFIL DA VAGA E DO PERFIL COMPORTAMENTAL

Outro ponto que profissionais de perfil Influente normalmente precisam desenvolver é que, por serem bem relacionados e sempre estarem com pessoas, quando precisam dar um feedback, têm receio de ofender, o que causa impactos negativos na sua gestão.

A falta de foco e concentração também são agravantes quando o assunto é bater metas. Entretanto, Jesus precisava de pessoas assim no time para que o projeto fosse concluído. Por isso, Ele nomeou como seu apóstolo **João**, irmão de Tiago, filho de Zebedeu, com uma forte capacidade de influenciar pessoas. O alto perfil Influente (I) de Tiago o fazia ser um comunicador motivado, extrovertido, mas também inconstante.

João, conhecido como o apóstolo do amor, foi incumbido por Cristo a cuidar de Maria, Sua mãe. Ele acompanhou o Mestre durante todo o Seu ministério, mas era também, um sujeito frágil, sensível e que necessitava da aceitação do grupo – características típicas de um alto I.

Curiosamente, João foi um dos únicos apóstolos que não sofreu o sacrifício da morte. Todos os outros tiveram mortes terríveis, mas ele foi exilado na Ilha de Patmos, onde escreveu o livro de Apocalipse e lá morreu, idoso (Apocalipse 1:9). Penso que Cristo sabia que a personalidade frágil de João não aguentaria os suplícios que os Dominantes enfrentaram na morte.

Outro apóstolo que também tinha um perfil Influente foi **Mateus**, que antes de seguir a Jesus era coletor de impostos. Bastante conhecido pela sua facilidade de networking, carismático como todo bom comunicador, Mateus sabia nutrir bons relacionamentos, como está descrito no Evangelho de Lucas

5:27-29, na passagem que trata do jantar que ele ofereceu à multidão de cobradores à sua porta.

Com traços de liderança (D), assim que foi chamado por Jesus, logo o seguiu (Mateus 9:9). Mateus também foi bastante generoso, pois ajudou o grupo financeiramente, mas precisava de reconhecimento do time. Características comuns de grandes comunicadores.

Outros dois apóstolos que também apresentaram traços de comunicadores foram **Tiago** e **Judas Tadeu**, que eram irmãos (Lucas 6:13-16), e alguns historiadores arriscam dizer que eram gêmeos, pois tinham perfis idênticos. Ambos faziam questão de prezar pela harmonia do grupo, relacionavam-se com bastante facilidade, eram muito bem-vindos no time e tinham uma característica de submissão diante de seus superiores. Ajudavam a todos e estavam sempre dispostos a trabalhar em equipe. Características fortes de um alto Influente (I).

Bartolomeu, também conhecido como **Natanael**, apresentava um perfil de Influente (I) com fortes características Dominantes (D), pois se relacionava com as pessoas com facilidade, tinha bom senso de humor, era bastante honesto e tinha muito conhecimento de serviços sociais que prestava à família dos outros apóstolos.

Entretanto, o alto Dominante (D) de Bartolomeu o fazia bastante transparente naquilo que falava, colocando-o em situações constrangedoras, inclusive preconceituosas e de julgamento, como quando ele julga a veracidade do Mestre por ter vindo de Nazaré, considerada um vilarejo (João 1:46).

PERFIL COMPORTAMENTAL CONFORME (ANALÍTICO)

Algumas ferramentas chamam esse perfil de Analista em virtude das fortes características de organização, atenção aos detalhes e autodisciplina. Os profissionais de alta Conformidade realizam um trabalho de alta qualidade, têm um perfil emocional mais calmo e são bastante analíticos. Em contrapartida, são introspectivos, não costumam falar sobre a vida pessoal, têm predisposição para culpar outras pessoas, são depressivos e pessimistas, temem muito a opinião das pessoas e, por isso, não gostam de se expor. São rancorosos, indecisos, não gostam de mudanças, são pouco flexíveis e apresentam dificuldades em tirar projetos do papel.

Porém, Jesus precisava de pessoas com essas características para que tivesse sucesso na sua obra, a começar por **Filipe**. De extrema confiança, era o responsável por cuidar da logística do grupo. Metódico, sistemático, rancoroso, arrogante, pessimista e nada inovador, Filipe era um alto C, assim, tinha competências analíticas para dar todo o suporte de que o time precisava, por isso, era fundamental a presença dele na jornada.

Tomé como é conhecido pelo perfil cético de ter duvidado da ressurreição de Cristo, é considerado um Alto C (Conforme), pois prezava pela ordem e organização. Sua capacidade analítica o colocava como responsável por planejar todo percurso do grupo.

Diferentemente de Filipe, Tomé também tinha traços de liderança, seu perfil Dominante (D), com capacidade rápida de raciocínio, suas características marcantes de racionalidade o faziam ser reconhecido como um excelente comerciante – o que nos dias de hoje chamaríamos de homem de negócios.

PERFIL COMPORTAMENTAL ESTABILIDADE

O perfil Estável também apresenta características únicas. Chamado, em outras ferramentas, de Paciente ou Planejador, esse perfil traz a característica de uma pessoa calma, paciente, tranquila, ótima para aconselhar os outros, excelente ouvinte, e com um ritmo constante em tudo o que faz.

As pessoas com esse perfil não suportam lidar com a pressão. Com características mais frágeis, são pessimistas, soberbos, buscam segurança e estabilidade nos empregos e sempre precisam de apoio para continuar um trabalho. Inseguros, tornam-se espectadores da própria vida. Se colocados em atividades que necessitem bater metas, sentem-se pressionados e tendem a desistir.

Por apresentar autoestima baixa, facilmente desencorajam outras pessoas, além de não terem aptidão para cargos de liderança. Ao analisar mais de perto das características dos doze apóstolos, percebe-se que esse perfil não foi escalado para fazer parte do projeto que Jesus tinha.

Sob o ponto de vista empresarial, essa análise abre portas para inúmeras considerações. Entretanto, é importante deixar claro que não existe perfil bom ou ruim, o que existem são perfis ideais para cada cargo ou projeto.

Eu penso que o fato de o perfil Estável (E) não ser identificado em nenhum dos que compuseram o time de Jesus, não significa que seja um perfil ruim, mas nos ensina que, para

3° PILAR – ANÁLISE DO PERFIL DA VAGA E DO PERFIL COMPORTAMENTAL

aquele projeto desafiador, em que o time tinha de estar disposto a passar por inúmeros desafios, sob pressões absurdas, e estar disposto a morrer de maneira cruel, um perfil E não seria o mais indicado para o cargo.

Usando Jesus como referência, é dessa maneira que os empresários, líderes e profissionais de RH deveriam olhar para os candidatos no momento de colocá-los em alguma vaga de emprego. Por isso a importância de se ter conhecimento sobre pessoas.

Agora chegou o momento de você olhar para cada uma das descrições de cargo da sua empresa e analisar: dos quatro perfis, qual terá mais sucesso para executar cada uma daquelas tarefas? A partir dessa resposta, você deve considerar o perfil ideal para cada cargo. Além disso, no processo da entrevista, você deve descobrir qual é o perfil comportamental do seu candidato. Essa combinação de atividades lhe trará muito sucesso no processo de recrutamento e seleção.

Capítulo

7

4º PILAR – O MODELO MENTAL DO CANDIDATO

Método Neurociência da Contratação® nasceu em virtude desse pilar, talvez um dos mais importantes. Ressalto o quanto um modelo mental de um colaborador pode definir o sucesso ou o fracasso de uma empresa.

Penso que você já deva ter se perguntado por que dois vendedores que trabalham na mesma empresa, recebem os mesmos salários, têm formações similares, participaram dos mesmos treinamentos e vendem os mesmos produtos têm resultados completamente diferentes no fim do mês. Um próspero, que supera todas as metas, e o outro que mal ganha para pagar as contas.

A resposta para isso chama-se mindset. Uma palavra de origem inglesa que significa "mentalidade", ou seja, nosso modelo mental, a forma como vemos a vida.

A literatura é recheada de estudos científicos dizendo que a maneira como vemos o mundo determina o nosso resultado. Perceba que existem pessoas que, para cada solução que você apresenta, listam mais dois ou três problemas. Enquanto uma empresa de sucesso é formada por profissionais com uma mente resolutiva, empresas que não têm bons resultados geralmente possuem em seu quadro de colaboradores profissionais com mentes de escassez.

É impossível mencionar a palavra "mindset" sem citar Carol S. Dweck, autora do best-seller *Mindset: a nova psicologia do sucesso*.[20] Em sua obra, a autora explica que o ser humano possui dois tipos de modelos mentais: fixo ou de crescimento.

Mentalidade de crescimento diz respeito à crença que as pessoas têm de que, com dedicação, esforço, conhecimento, força

---

20 DWECK, C. S. **Mindset**: a nova psicologia do sucesso. Rio de Janeiro: Objetiva, 2017.

de vontade e aprendizado, é possível crescer, desenvolver novas habilidades e competências para conquistar resultados extraordinários. Enquanto as pessoas com mindset fixo atribuem todo mal desempenho à falta de talento, acreditando que sucesso é inato e que não existem possibilidades de desenvolvimento, pois nada supera o talento.

Quando vou explicar sobre mindset para os meus mentorandos, busco fazer uma analogia com o diálogo entre esses dois jovens na figura a seguir:

MINDSET DE CRESCIMENTO × MINDSET FIXO[21]

"Olha que Ipê bonito!", diz o sujeito que possui um mindset de crescimento.
"Mas faz uma sujeira, hein?", rebate o amigo de mindset fixo.

---

21 EXISTEM dois tipos de pessoa. **O ser carlino**. 21 ago. 2018. Disponível em: https://carlososer.blogspot.com/2018/08/existem-dois-tipos-de-pessoas.html. Acesso em: 14 out. 2022.

4º PILAR – O MODELO MENTAL DO CANDIDATO

Tenho certeza de que você conhece pessoas assim. Na coletânea *A arte de vencer: aja como um empreendedor de sucesso*, de minha coautoria, dou início a esta mesma reflexão: a forma como as pessoas veem a vida determina o destino delas.[22] Ver a vida como um problema nos faz perder a capacidade de construir algo novo e melhor.

A formação dessas mentalidades envolve muitos fatores, mas focarei o ambiente em que esse indivíduo foi criado, a forma como ele tem se comunicado com mundo, seus relacionamentos interpessoais, bem como suas experiências de vida.

Quando trazemos essas considerações para um processo de recrutamento e seleção e buscamos elaborar uma entrevista com perguntas capazes de extrair respostas que nos direcionem à essa formação de personalidade, conseguimos identificar um traço de mentalidade desse candidato.

Buscar conhecer o ambiente em que esse candidato está inserido para saber se tem funcionado como uma mola propulsora capaz de fazê-lo crescer mentalmente, proporcionando uma expansão de consciência, se é suficiente para você colocá-lo em cargos que exijam mais desafios.

Entretanto, para candidatos com mentalidade fixa, tarefas que exijam desafios constantes e nas quais a pressão faça parte da função provavelmente não serão bem-sucedidas com esse profissional.

Ao nascermos, trazemos modelos mentais de crescimento, pois temos inúmeros desafios na primeira infância, como

---

22 VALE, R. **A arte de vencer**: aja como um empreendedor de sucesso. São Paulo: Chave Mestra, 2022. p.10.

aprender a comer, a falar, a andar. Se não tivéssemos nosso mindset expandido, no primeiro tropeço desistiríamos de caminhar.

Para expandir mais o conhecimento sobre mindset, é importante falarmos sobre a mente humana, contudo, há uma diferença entre cérebro, inteligência e mente. Vamos entender melhor cada um antes de seguir.

O CÉREBRO

Chamamos de cérebro o órgão do sistema nervoso central de grande importância para o funcionamento do corpo humano. Sua composição é aproximadamente 78% de água, 10% de gordura, 8% de proteína, 1% de sal e 3% de outros tantos componentes.

Formada por aproximadamente 86 bilhões de neurônios, a estrutura cerebral pode ser alterada a partir das nossas experiências, principalmente se frequentamos ambientes ricos de estímulos e estamos rodeados de pessoas com capacidades cognitivas melhores que as nossas.

A validação dessa informação foi registrada em 1963 por Marian Diamond, uma pesquisadora da Universidade da Califórnia em Berkeley que em 1962 realizou uma pesquisa com ratazanas e provou que o córtex cerebral desses animais foi modificado pelo fato de estarem presos em jaulas enriquecidas de brinquedos, o que os tornou mais habilidosos que o outro grupo de animais que permaneceu em confinamento e sem estímulos.

O mesmo acontece com você! Se permanecer em um ambiente rodeado de pessoas melhores que você e for estimulado a estudar e a aprender com o exemplo de outras pessoas, seu cérebro também se alterará.

SE NÃO TIVÉSSEMOS NOSSO MINDSET EXPANDIDO, NO PRIMEIRO TROPEÇO DESISTIRÍAMOS DE CAMINHAR.

INTELIGÊNCIA HUMANA

Ao tratar da inteligência humana, é de extrema importância destacar Howard Gardner, doutor em psicologia, pesquisador da Universidade Harvard e autor da Teoria das Inteligências Múltiplas, que derruba todos os conceitos prévios sobre inteligência humana e a redefine como a capacidade que uma pessoa tem de resolver problemas complexos.[23]

Logo, a inteligência é o que nos diferencia dos outros animais, e podemos entendê-la como um conjunto de características intelectuais de um indivíduo que o possibilita aprender, conhecer, compreender, raciocinar, pensar e interpretar.

Para o pesquisador,[24] nascemos com nove inteligências: (a) musical; (b) verbal; (c) logico-matemática; (d) espacial; (e) interpessoal; (f) intrapessoal; (g) naturalista; (h) corporal-cinestésica; e (i) espiritual ou existencial. Tais inteligências, ao serem estimuladas, desenvolvem diversas habilidades que, quando trabalhadas de maneira recorrente, tornam-nos talentosos.

Porém, ainda não é bem a inteligência o assunto a que quero chegar, mas ao mindset, à mente humana. Vamos a ela.

---

23 GARDNER, H. **Cinco mentes para o futuro**. Porto Alegre: Artmed, 2007.

24 GARDNER, H. Audiences for the Theory of Multiple Intelligences. **Teachers College Record**, vol. 106, n. 1, jan. 2004. Disponível em: https://journals. sagepub.com/doi/abs/10.1111/j.1467-9620.2004.00329.x. Acesso em: 10 out. 2022.

A MENTE HUMANA

A mente pode ser entendida como um estado, uma dimensão, algo associado ao ato de pensar. É a partir dela que expressamos nossos comportamentos.

Howard Gardner expandiu sua pesquisa e identificou que os profissionais com mentalidade de sucesso são aqueles capazes de construir cinco mentes a partir do estímulo de suas inteligências.[25] São elas:

1. **Mente disciplinada:** aquela que sabe trabalhar de maneira permanente ao longo do tempo para melhorar a habilidade e o conhecimento. Ela garante de modo distintivo o domínio de um assunto ou área do conhecimento. Pode-se dizer que a mente disciplinada é capaz de acolher os estímulos que recebe, além de especificar um campo particular no qual eles podem vir a ser aplicados.

2. **Mente sintetizadora:** tem capacidade de receber informações de diversas fontes, entendê-las e avaliá-las de maneira inteligível e objetiva e, depois, sintetizá-las.

3. **Mente criadora:** aquela que rompe barreiras, apresenta novas ideias, propõe novas questões, evoca formas inéditas de pensar e chega a respostas inesperadas. É importante ressaltar que a efetividade dessa capacidade apenas será possível após serem desenvolvidas as habilidades das mentes disciplinada e sintetizadora.

4. **Mente respeitosa:** aquela capaz de aceitar diferenças entre os sujeitos, esforçando-se para entendê-los,

---

25 *Ibidem.*

buscando uma forma eficaz para trabalharem juntos com a diversidade. Para Gardner (2007, p. 13), no mundo atual, caracterizado por inserção e interligação, não há espaço para a intolerância nem o desrespeito.

5. **Mente ética:** reflete sobre a natureza do trabalho e avalia as necessidades e desejos relativos a essa atividade, buscando ir além dos interesses pessoais.

As cinco mentes de Gardner são diferentes das nove inteligências múltiplas. Diz o autor: "Em lugar de distintas capacidades computacionais, elas são mais bem concebidas como usos amplos da mente que podem ser cultivados na escola, nas profissões ou no local de trabalho".[26]

Logo, fica evidente que o ambiente organizacional pode promover a construção dessas mentes. E isso ocorre através do processo de aprendizagem, que pode ser iniciado em treinamentos, mentorias, workshops, ou até mesmo por um programa de estágio, iniciando com tarefas simples e migrando aos poucos para as mais complexas.

Portanto, no momento da contratação, é importante que a entrevista seja muito bem elaborada. Caso o candidato não possua essas mentes construídas, a empresa deverá ter ciência disso e traçar estratégias para desenvolvê-las no colaborador.

O que eu percebo nos processos de recrutamento e seleção dos quais participo nas consultorias de clientes é uma certa inclinação, por parte do empresário, a contratar uma mão de obra barata, ou seja, um profissional júnior, para ocupar um cargo sênior, acreditando que essas mentes serão construídas rapidamente. É

---

26 *Idem. p. 13*

4° PILAR – O MODELO MENTAL DO CANDIDATO

uma ilusão acreditar que apenas com um treinamento de imersão será possível construir uma mente sólida em um sujeito. Treinamentos e palestras pontuais são extraordinários para que o participante tenha alguns insights, compreenda algo novo e planeje como poderá utilizar esse entendimento a seu favor. A mente nada mais é que habilidade. E habilidade é como um músculo, não é construída em apenas algumas horas de estudos.

Da mesma maneira que precisamos dedicar semanas, meses e até anos para definir músculos no nosso corpo através de atividades físicas, com a mente humana ocorre o mesmo processo. Muitas vezes, são necessários vários anos para que essas habilidades sejam de fato consideradas excelentes e de alta performance.

Ao contratar um profissional sem habilidades, o empresário precisa ter a clareza de que será necessário um processo de desenvolvimento desse novo colaborador. Na área de recursos humanos, utilizamos o Plano de Desenvolvimento Individual (PDI) para auxiliar a traçar a trilha de conhecimento pela qual esse funcionário deverá passar.

Entretanto, é necessário que um profissional do RH seja o mentor desse processo. De nada adianta implantar o PDI e fazer como algumas empresas que adquirem uma Universidade Corporativa[27] e encaminham o colaborador para estudar de maneira autônoma. Isso não funciona!

---

27 Universidade Corporativa nada mais é que uma ferramenta de desenvolvimento de colaboradores. É um departamento responsável por criar, produzir e aplicar o conhecimento de maneira on-line ou presencial, com o objetivo de desenvolver as habilidades necessárias ao profissional como estratégia para promover o crescimento dele e da organização.

Uma mente que ainda não foi desenvolvida não terá condições de criar, logo de primeira, um caminho assertivo naquilo que estudará. Por isso, é necessária uma orientação, um profissional sênior que construa, direcione e, acima de tudo, acompanhe esse colaborador nos melhores conteúdos em que ele deverá se aplicar.

O mais importante é: a empresa precisa dar espaço para que esse colaborador coloque em prática o que está aprendendo e, sobretudo, tenha a paciência quanto a evolução, e a tolerância para aceitar que possíveis erros acontecerão durante o processo, caso contrário, será cômodo dizer que na empresa se investe em educação corporativa, mas os colaboradores não valorizam nem se desenvolvem.

O que Jesus fez quando selecionou seus doze apóstolos, que não detinham nenhuma mentalidade para que o Seu projeto funcionasse? Como Jesus mudou o modelo mental de cada um?

MUDANDO O MODELO MENTAL

De acordo com a Bíblia, o time de Jesus era formado, em sua maioria, por pescadores, cobradores de impostos e políticos. Judas Iscariotes, o mais instruído do grupo, se tornou o tesoureiro.

Ao observar esse grupo de pessoas, não havia a mínima condição de fazer o que muitas empresas fazem: colocá-las no cargo sem deixar clara a missão da empresa, sem as treinar, sem dizer o que se espera delas, sem dar feedbacks e, ainda assim, exigir que levem a mensagem do Reino e salvem o mundo.

4° PILAR – O MODELO MENTAL DO CANDIDATO

De maneira brilhante, Jesus desenvolveu um roteiro lógico de aprendizagem: em um primeiro momento, Ele trouxe para perto todos os discípulos, ensinou a partir de histórias. Por que Jesus fez isso?

Jesus precisava mudar o modelo mental desses doze homens, precisava fazer com que eles acreditassem que poderiam mudar o mundo. Jesus tinha de empoderá-los, pois sabia que eles necessitariam de uma mente forte para suportar tudo que viria pela frente.

O Mestre usou como recurso as parábolas para conseguir se conectar com o conhecimento prévio deles, haja vista que todos eram muito trabalhadores, mas pouco instruídos, com exceção de Judas Iscariotes.

Depois que esses discípulos internalizaram todo o conteúdo, passaram a acreditar e a viver a missão do Mestre. Nesse momento, Jesus os colocou para treinar tudo o que foi aprendido. Era preciso que cada um vivesse na prática o que haviam conhecido antes apenas na teoria.

De maneira empoderadora, Jesus chamou os doze apóstolos e disse: "Podem ir, vocês estão prontos". O Evangelho de Lucas narra essa conversa: "Reunindo os Doze, Jesus deu-lhes poder e autoridade para expulsar todos os demônios e curar doenças, e os enviou a pregar o Reino de Deus e a curar os enfermos." (9:1-2).

Jesus encaminha os discípulos em pares para ministrar a Palavra e demais feitos, conforme o cita o Evangelho de Marcos 6:7, pois ainda estavam em treinamento. E permaneceram nesse estágio por três longos anos.

E na sua empresa? Como funciona o treinamento com quem acabou de chegar? Lembre-se: Jesus precisava mudar o modelo mental daquelas pessoas enquanto Ele ainda estava presente, pois sabia que quando chegasse a hora, a sua ausência não poderia abalar o grupo a ponto de ele se desfazer.

E na sua empresa? Por quanto tempo o líder acompanha o time? Se você, empresário, não estiver presente, as coisas caminham? Por quanto tempo? Ou o grupo se dissolve?

Durante todo o período, Jesus acompanhou os discípulos, dando-lhes feedback, aconselhando-os. O interessante era que o Mestre ensinava até mesmo o básico, como orar, e disso nasce a oração do Pai Nosso:

> Certo dia Jesus estava orando em determinado lugar. Tendo termi-nado, um dos seus discípulos lhe disse: "Senhor, ensina-nos a orar, como João ensinou aos discípulos dele". Ele lhes disse: "Quando vocês orarem, digam: 'Pai! Santificado seja o teu nome. Venha o teu Reino. Dá-nos cada dia o nosso pão cotidiano. Perdoa-nos os nossos pecados, pois também perdoamos a todos os que nos devem. E não nos deixes cair em tentação". (Lucas 11:1-4).

A humildade da liderança de Cristo era tamanha que seus discípulos lhe perguntavam de tudo. Ele sabia que todos esta-vam em processo de aprendizagem e que cada conteúdo apren-dido representava uma mente mais fortalecida.

E na sua empresa, como funciona? O time teme ou res-peita o líder? Os colaboradores são corajosos para perguntar o básico para o diretor? Quem dá o feedback, o RH? Quem deve aplicar feedback é o líder, pois é dessa maneira que se constrói uma relação de autoridade.

UM MODELO MENTAL DE UM COLABORADOR PODE DEFINIR O SUCESSO OU O FRACASSO DE UMA EMPRESA.

Veja quanta coisa podemos extrair acerca das estratégias que Jesus utilizou para construir um time forte. Porém, é importante ressaltar que, durante todo o tempo, o Mestre se fez um líder presente, pois precisava conhecer de perto todos aqueles homens, haja vista que tinha um cargo específico para cada um deles dentro do grupo.

Na medida em que Jesus foi conhecendo melhor o time e, penso eu, analisando a descrição de cada cargo, foi distribuindo funções de acordo com o perfil comportamental e com o perfil do cargo.

O interessante é que, embora Jesus tivesse elegido doze pessoas para caminhar junto com ele, nem todos participavam de tudo. Nem todos estavam preparados mentalmente para presenciar todos os milagres. Havia um critério nisso tudo. Observe na figura a seguir como foi feita essa divisão:

4º PILAR – O MODELO MENTAL DO CANDIDATO

De acordo com os relatos bíblicos, percebe-se que havia uma hierarquia no time. Supõe-se uma divisão em três subgrupos, com quatro integrantes cada. Tal suposição está alicerçada no nível de intimidade que alguns apóstolos tinham com Cristo, tanto é que seus nomes são os mais citados nos Evangelhos como testemunhas dos milagres.

Dos quatro membros do primeiro grupo, Pedro, Tiago e João estiveram mais íntimos de Cristo, pois foram os que presenciaram os feitos mais importantes de Jesus durante o seu ministério, como relatado na passagem em que Ele ressuscitou a filha de Jairo, quando permitiu que só esses três o acompanhassem (Marcos 5:37).

O segundo grupo, formado por Filipe, Bartolomeu, Mateus e Tomé não era tão íntimo, mas participou de alguns fatos importantes narrados no Evangelho de João (2:1-12), estando presentes quando Jesus transformou a água em vinho, em uma festa de casamento na aldeia de Caná, na Galileia. Já sobre dos membros do terceiro grupo, Tiago, Tadeu, Simão e Judas Iscariotes, pouco se sabe, uma vez que eles raramente são mencionados nos Evangelhos – com exceção de Judas, em virtude de sua traição.

Embora Pedro também tivesse traído Jesus por três vezes (Mateus 26:69-75), ele foi o líder de todos, supostamente por ser o mais velho. E, olha que interessante, um sujeito com perfil Dominante, com temperamento bastante colérico, impulsivo e enérgico. É provável que Jesus tenha escolhido Pedro para esse cargo porque precisava de alguém com capacidades mais enérgicas para manter a ordem dentro do grupo, no qual brigas eram comuns (Lucas 9:46). Mas, veja, mesmo assim Ele não abriu mão de treiná-lo, de desenvolver o seu mindset.

Podemos entender que Pedro desenvolveu inúmeras habilidades depois que começou a caminhar com Jesus: teve uma expansão de consciência, seu modelo mental mudou e ele ampliou sua inteligência emocional. Isso fica perceptível se fizermos um paralelo entre as traições de Judas Iscariotes e de Pedro contra Cristo, e o que as diferenciou foi exatamente a inteligência emocional que Judas não teve.

Ao trair Jesus, Judas não aguentou conviver com a sua própria consciência. Seu modelo mental, ou seja, a forma como via o mundo, o fez acreditar que não poderia se redimir nem se perdoar. A sua falta de inteligência emocional, que é a capacidade de lidar com as próprias emoções, o levou ao suicídio.

Diferentemente de Pedro que, ao trair Jesus, se arrependeu e, amargurado, chorou (Mateus 26:75). Pedro compreendeu que, em um momento de muito medo, cometeu um erro, negando Àquele de quem caminhou junto, mas soube se perdoar. Pedro colocou à prova o que mais Jesus pregou: amor e perdão. Isso é Inteligência Emocional.

Avalie: quais são as habilidades que a liderança tem desenvolvido no time da sua empresa? Qual o modelo mental que você, empresário, tem construído nos seus colaboradores?

Ao analisar a traição de Pedro, talvez possamos pensar: *Mas se o modelo mental de Pedro já estava construído, por que ele fez isso?* A construção do nosso mindset é contínua. Cada novo aprendizado é como um "tijolo" a mais nesse grande muro que é o nosso modelo mental.

DURANTE TODO O TEMPO, O MESTRE SE FEZ UM LÍDER PRESENTE, POIS PRECISAVA CONHECER DE PERTO TODOS AQUELES HOMENS, HAJA VISTA QUE TINHA UM CARGO ESPECÍFICO PARA CADA UM.

Jesus continuou contribuindo com essa construção de Pedro, não queria que Seu discípulo tivesse dúvidas acerca do seu amor para com o Mestre. De maneira extraordinária, como uma técnica de autossugestão, ou seja, da repetição, Cristo pergunta a Pedro:

> "Simão, filho de João, você me ama realmente mais do que estes?" Disse ele: "Sim, Senhor, tu sabes que te amo". [...] Novamente Jesus disse: "Simão, filho de João, você realmente me ama?" Ele respondeu: "Sim, Senhor tu sabes que te amo". [...] Pela terceira vez, ele lhe disse: "Simão, filho de João, você me ama?" Pedro ficou magoado por Jesus lhe ter perguntado pela terceira vez "Você me ama?" e lhe disse: "Senhor, tu sabes todas as coisas e sabes que te amo". (João 21:15-17).

Observe que por três vezes Pedro negou Cristo, mas Jesus reconstrói esse modelo mental, perguntando-lhe por três vezes para que Pedro responda e ouça claramente o que estava falando. Dessa forma, pela autossugestão, um mindset pode ser construído, desconstruído ou reconstruído.

Quais são as frases repetidamente faladas na sua empresa? Quais são as frases que a liderança da sua empresa repete para o time? Quais são as frases que repetidamente você profere acerca da sua empresa?

Essas falas constroem o modelo mental dos colaboradores, que constroem o sucesso ou o fracasso de uma empresa. Entendeu a importância de analisar qual é o modelo mental do seu candidato? Vejamos como você pode fazer isso no próximo capítulo.

AO CONTRATAR
UM PROFISSIONAL
SEM HABILIDADES,
O EMPRESÁRIO
PRECISA TER A
CLAREZA DE QUE
SERÁ NECESSÁRIO
UM PROCESSO DE
DESENVOLVIMENTO
DESSE NOVO
COLABORADOR.

Capítulo

8

5º PILAR – ENTREVISTA E ANÁLISE DAS RESPOSTAS DOS CANDIDATOS

O quinto pilar do **Método da Neurociência da Contratação®** vai ajudar você, leitor, a compreender a importância de analisar cada uma das respostas em uma entrevista. Independentemente de ser o empresário, o líder ou o profissional do RH, se está à frente de um time, você deve participar das entrevistas para contratar seus colaboradores – a menos que haja alguém extremamente capacitado na empresa para fazer isso em seu lugar.

Reforço: a entrevista de um candidato não deve ser realizada por profissionais com pouca bagagem. Minha experiência como consultora me permite afirmar que os insucessos nas contratações ocorrem devido aos empresários negligenciarem esse momento de escolha de quem fará parte do seu time. Mais que isso, decorrem da falta de consciência de que aquele novo profissional poderá contribuir ou destruir um departamento. Basta que na sua empresa a missão, a visão e os valores não sejam fortalecidos para que o time expurgue um novo colaborador que não esteja alinhado à cultura.

Engana-se quem acredita que a entrevista é um roteiro de perguntas e respostas. Isso pode até parecer comum, mas procurei, no meu método, substituir uma "sessão de perguntas e respostas" por uma "conversa". Não encontramos na Bíblia um roteiro de perguntas e respostas que Jesus tenha feito a seus discípulos. Fico imaginando o Mestre perguntando:

"Pedro me fale seus três pontos fortes."

"Judas, quais são seus pontos fracos?"

"Mateus, se você fosse um super-herói, quem você seria?"

"Marcos, por que eu deveria contratá-lo?"

"Tiago, me explique como você resolveu um conflito com um colega?"

"João, qual foi o último livro que você leu?"

"Filipe, me fale sobre você."

"Tadeu, quando você precisou equilibrar as prioridades na sua vida, quais você escolheu e por quê?"

"Simão, me conte uma situação difícil a qual você precisou se adaptar."

"Bartolomeu, por que você, aos 32 anos, ainda mora com seus pais?"

"André, você já está com 39 anos, por que ainda não teve filhos?"

"Tomé, o que você costuma fazer nas horas vagas? Você vai à igreja?"

Perguntas como essas são rasas, algumas preconceituosas e constrangedoras, e não nos levam muito longe na avaliação profissional. O ideal é estruturar a entrevista não como uma atividade de perguntas e respostas, mas sim como uma conversa. É no diálogo que criamos conexões com as pessoas.

A área de recursos humanos deve ter uma mentalidade de acolhimento, e o recrutador tem o papel de fazer com que os candidatos se sintam acolhidos; afinal, a proposta é trazer alguém para agregar ao time, e não construir uma barreira logo na entrevista.

CONSTRUINDO UMA ENTREVISTA

Após o anúncio da vaga e a seleção dos melhores currículos, chegou o momento da entrevista, que pode ser feita em duas etapas:

- **1ª Etapa:** Uma entrevista mais curta, em que o recrutador mais ouve do que fala;

5º PILAR – ENTREVISTA E ANÁLISE DAS RESPOSTAS DOS CANDIDATOS

- **2ª Etapa:** Uma entrevista mais longa, em que o recrutador lidera o diálogo.

Na primeira etapa da entrevista – uma conversa de aproximadamente vinte minutos, on-line –, a proposta é conhecer o candidato a partir da carreira que ele construiu. Esse não é o momento de perguntar nada, apenas ouça o candidato.

É aqui que você descobre o que chamamos de Perfil Operacional, ou seja, onde ele mora, se tem filhos, se tem condições de trabalhar presencialmente, de maneira híbrida ou em home office. O foco aqui é compreender se as condições operacionais desse candidato são compatíveis com a vaga.

Para alguns recrutadores, nessa etapa já se inicia a seleção, pois, dependendo da vaga, o vocabulário que o candidato utiliza é de extrema importância, as habilidades com a tecnologia são um diferencial, a forma como ele se apresentou e se atentou à organização do ambiente é fundamental, entre outras.

Jesus cumpriu essa etapa no processo de seleção de seus discípulos. Como Ele procedia? Verificava, em campo, o que os candidatos faziam, onde trabalhavam, com quem andavam, quais eram as suas condições, quais eram suas outras ocupações. Só depois que se convencia de que tudo aquilo estava de acordo com o Seu projeto, é que Ele os convidava para a segunda etapa.

Na segunda etapa da entrevista, quem lidera o diálogo é o recrutador. Aqui, a conversa também pode ser on-line, considerando que hoje podemos contratar pessoas em qualquer parte do planeta, ou presencialmente.

O **Método Neurociência da Contratação®** se diferencia dos demais exatamente nessa segunda etapa. Toda a estrutura da sua conversa deve ser baseada na descrição de cargos, na missão, na visão, nos valores, na cultura da empresa e na especificidade comportamental do candidato, que você já aprendeu aqui. Você deve desenvolver um roteiro de conversa para que descubra se existe uma conexão entre candidato e empresa.

Imagine que a especificidade comportamental do seu colaborador deva ser a de um sujeito "empreendedor, criativo, com características colaborativas e inovadoras". A proposta da conversa é extrair desse candidato o que o faz ser uma pessoa com todos esses requisitos.

Por exemplo, um candidato com 22 anos que trabalha e custeia sua faculdade com os próprios esforços é um sujeito empreendedor. Um jovem que conseguiu comprar o próprio carro, fruto do seu trabalho, é um sujeito empreendedor. Nesse caso, o direcionamento da conversa deve buscar respostas que comprovem a atitude da pessoa no quesito "empreendedorismo", e assim por diante.

Se a empresa tem como missão "oferecer a melhor carne suína do Brasil", e você está entrevistando um ativista vegano, provavelmente, em algum momento, esse candidato não terá sucesso na sua empresa, haja vista que a opinião dele para uma questão fundamental diverge da missão da empresa.

Perguntas técnicas podem e devem ser feitas nesse momento. Considerando que o recrutador tem em mãos as tarefas específicas do cargo, é importante que a conversa também seja direcionada para o saber fazer aquelas tarefas, e norteada com questionamentos do tipo: "Quais foram os seus três melhores resultados na última empresa em que você esteve?" – lembrando que nada de perguntas fechadas: elas devem estar inseridas em um contexto de conversa.

ENGANA-SE QUEM ACREDITA QUE A ENTREVISTA É UM ROTEIRO DE PERGUNTAS E RESPOSTAS.

O recrutador deve se atentar se as respostas dos candidatos estão conectadas com as tarefas que aquele cargo exige, e se foi a partir dessas tarefas que os candidatos deram os melhores resultados.

Essa segunda etapa da entrevista deve ser feita por alguém com mais experiência. Geralmente, pelo empresário, pelo líder da área ou por um profissional sênior do RH. Nela, pode ser realizado um teste de Avaliação de Perfil Comportamental, e seu resultado utilizado para conduzir o processo, principalmente se o recrutador tem acesso a uma roda de competências, que nada mais é que os indicadores das habilidades desse profissional.

Tendo os KPIs (*Key Performance Indicator*, ou indicadores-chave de desempenho, em português) em mãos, o recrutador pode identificar quais são os *gaps* de habilidades daquele candidato, quais são suas melhores competências, e qual deve ser o PDI para ele e quanto tempo levará para desenvolver as habilidades necessárias, caso seja contratado.

Munido de todos esses recursos, e realizando uma entrevista estruturada, diminui-se a chance de uma contratação fracassar. Além disso, o recrutador encaminha esse novo colaborador ao departamento com um diagnóstico sobre suas habilidades e necessidades, já alinhando com o líder tudo o que deverá ser feito por esse candidato a fim de que possa vir a ter bom desempenho e dar os resultados esperados pela empresa.

ANALISANDO AS RESPOSTAS DOS CANDIDATOS

Muitos estudos trazem indícios de que é possível, a partir das respostas dos candidatos, analisar sua performance. Para

5º PILAR – ENTREVISTA E ANÁLISE DAS RESPOSTAS DOS CANDIDATOS

esse tipo de análise, é preciso saber como conduzir as perguntas dentro de um diálogo.

Uma dica é evitar fazer perguntas fechadas, opte por questões como: "Me conte sobre um conflito que você teve com um colega de equipe e como o resolveu". Essa pergunta pode ser assertiva para que você saiba sobre o conflito, mas ao questionar "como resolveu", você dá a possibilidade de o candidato inventar uma história, caso ele não tenha resolvido.

Muitas pessoas tentam resolver seus problemas apenas deixando o local no qual o conflito está instalado. Nesse caso, com certeza, ela se deparará com a mesma questão em outro local, pois o problema maior não está na situação, e sim na falta de habilidade para encontrar uma solução. Essa é uma informação importante para um recrutador: saber como um candidato lida com os problemas, por isso a importância de saber fazer as perguntas certas.

A Leadership, uma empresa que se dedica a realizar pesquisa de engajamentos de funcionários, classificou profissionais de alto e baixo desempenho a partir do mapeamento das respostas dos candidatos. Mark Murphy, presidente do instituto, de forma brilhante, condensou esses dados em sua obra *O fator atitude*.[28]

A pesquisa apontou que os candidatos com alto desempenho inseriam nas suas respostas 60% mais pronomes de primeira pessoa como eu, meu e nós. Os profissionais de baixo desempenho, por sua vez, apresentaram mais de 400% de pronomes na segunda pessoa (você, vocês, seu, seus, sua, suas) quando lhes solicitaram uma resposta. A mesma coisa aconteceu com

---

28 MURPHY, M. **O fator atitude**: uma nova abordagem para descobrir profissionais de alto desempenho. São Paulo: Figurati, 2015.

os pronomes de terceira pessoa (ele, ela, eles, elas). Os candidatos com desempenho baixo utilizam mais de 60% desses pronomes em suas respostas, se comparados aos profissionais de alto desempenho.

Quanto ao tempo verbal (presente, passado e futuro), candidatos de alto desempenho utilizaram verbos no passado em mais de 40% das respostas, enquanto os de baixo desempenho utilizaram, em comparação com os de alta performance, 120% de verbos a mais no presente, e superaram a marca de 70% de uso de verbos no futuro.

O que podemos aprender com esses dados? Os candidatos com alto desempenho falam muito sobre si e sobre o que já fizeram, ou seja, eles têm histórias para contar, eles construíram algo. Já os de baixo desempenho não conseguem ver essa construção, por isso se apoiam no "não estou fazendo porque estou desempregado" ou no "se você me der uma chance, eu posso fazer".

Outro ponto importante a se considerar nessa pesquisa é que os candidatos de alto desempenho são mais felizes e empolgados. Já os de performance baixa apresentam emoções negativas, expressando sintomas de rejeição, braveza e pessimismo.

Ao analisar a pesquisa, e considerando os perfis comportamentais escolhidos por Jesus, a maior parte deles de Dominantes e Influentes, vemos que Ele selecionou perfis cuja natureza é mais positiva, animada e otimista.

Essas pesquisas auxiliam muito o recrutador com expertise a mapear as respostas dos candidatos durante a entrevista, o que evitará muitos problemas após a contratação.

INDEPENDENTEMENTE DE SER O EMPRESÁRIO, O LÍDER OU O PROFISSIONAL DO RH, SE ESTÁ À FRENTE DE UM TIME, VOCÊ DEVE PARTICIPAR DAS ENTREVISTAS PARA CONTRATAR SEUS COLABORADORES.

Capítulo

9

6° PILAR – CONSTRUÇÃO DE UM MANUAL DE PERGUNTAS E RESPOSTAS

Este capítulo constitui o sexto pilar do **Método Neurociência da Contratação®**. Apesar de ter dito anteriormente que não se pode basear a entrevista em perguntas e respostas, a ideia de criar um manual de perguntas e respostas que funcionam nasceu por alguns motivos. Vou explicar melhor.

Como consultora implantando a Gestão Estratégica de Pessoas, estou sempre muito próxima da área de recursos humanos. Quando a empresa tem um excelente profissional nessa área, a gestão caminha bem, mas se esse profissional troca de emprego, leva consigo toda a expertise do setor, e ainda desestrutura todo o processo que utilizava para contratar, causando um impacto negativo na empresa.

Quando um novo candidato chega para assumir esse cargo, ainda sem conhecimento nenhum do processo da empresa, sem ter incorporado a missão, a visão, os valores e a cultura, e já assume a linha de frente, recrutando pessoas, muitas vezes acaba selecionando a partir do perfil da antiga empresa em que trabalhava.

Quando isso acontece, eu, enquanto consultora, tenho dois problemas: o primeiro é que as contratações são feitas de maneira errada; e o segundo é que eu tenho de treinar quem acabou de chegar no RH e ajudar esse profissional a incorporar a cultura daquela empresa antes que ele possa selecionar novas pessoas.

Pensando nisso, fui buscar na literatura algo que me ajudasse com essa fase do processo da consultoria. Encontrei alguns conteúdos de Mark Murphy, fundador da Leadership IQ, a respeito de um guia de respostas. Me inspirei nesse material, adaptei-o à realidade das nossas empresas e implantei na minha consultoria um manual não apenas de respostas, mas com as melhores perguntas a se fazer a um candidato.

Como minhas consultorias são personalizadas, com atendimento exclusivo pensado para cada cliente, tenho acesso à missão, à visão, aos valores, à cultura, ao código de ética, ao manual do colaborador, ou seja, a todo o material de que eu preciso para elaborar esse manual.

O sucesso em um processo de recrutamento e seleção está na excelência da pergunta. Não se trata de qualquer pergunta, mas daquela que leva você a ter a resposta de que precisa. Por isso, novamente, ressalto a importância de se ter bem claros a missão, a visão, os valores, a cultura da empresa e a especificidade comportamental do profissional ideal para trabalhar ali. A partir desses documentos, é possível construirmos esse guia para uma entrevista.

A seguir, vou conduzir esse processo de construção personalizada para a sua empresa. Vamos lá?

PERGUNTAS CONECTADAS À VISÃO DA EMPRESA

Como já estudamos, a visão de uma empresa diz respeito a aonde ela quer chegar. Logo, as melhores perguntas a se fazer ao candidato são sobre qual o seu objetivo profissional.

Analisar se o profissional tem clareza do seu futuro é muito importante para a empresa, pois ele pode querer trabalhar somente por um período e tenha planos para, daqui a seis meses, realizar um intercâmbio, e o recrutador tem de decidir, durante a entrevista, se isso é interessante ou não para a empresa.

Por exemplo, a visão da empresa Gerdau é "ser global e referência nos negócios em que atua". A pergunta que pode ser feita para um candidato para trabalhar ali é, dentro de todas as especialidades que ele tem, qual é a mais importante para a carreira dele? A resposta deve remeter a algo relacionado a "ser referência" na área em que atua, visto que uma empresa se torna referência quando tem pessoas de referência trabalhando lá.

Mas é de extrema importância que essa pergunta seja feita no meio de uma conversa. Aqui, o recrutador pode estar "batendo papo" com o candidato, contando até sobre suas próprias experiências profissionais e, no meio disso, fazer a pergunta.

Sim, eu sei, é difícil fazer esse exercício e aplicar as questões corretas durante uma entrevista. Por isso tantas contratações erradas. Agora você consegue compreender por que não pode ser um colaborador júnior realizando essa tarefa? A entrevista é a parte mais importante para a construção de uma boa empresa. Portanto, o exercício a ser feito é, a partir da sua missão, pensar quais perguntas você pode fazer para construir o manual. Você pode pensar em pelo menos três perguntas.

PERGUNTAS CONECTADAS À MISSÃO DA EMPRESA

A missão da empresa diz respeito a "como ela chegará lá", ou seja, com quais atitudes ela se desenvolverá. Da mesma maneira, descobrir na entrevista quais atitudes o candidato tem para conquistar aquilo que deseja é primordial para a construção desse manual.

Utilizando como exemplo a missão da minha empresa, "fazer com que você acredite que nasceu para dar certo, desde que alinhe a sua rota e torne-se verdadeiramente protagonista da sua própria história", a pergunta para o candidato pode ser feita para compreender qual é o nível de protagonismo que ele tem na própria vida. Como ele vê a autorresponsabilidade em ser o autor da própria história. Como anda a sua autoestima para que acredite que nasceu para dar certo.

É importante que o recrutador tenha essa habilidade de interpretar a missão da empresa e classificar o que pode extrair para criar perguntas relevantes para o candidato. Da mesma maneira como você fez com as perguntas sobre visão, elabore pelo menos três perguntas que se conectem com a missão da sua empresa.

PERGUNTAS CONECTADAS AOS VALORES DA EMPRESA

Como já vimos anteriormente, os valores da empresa devem estar conectados aos do candidato, pois isso impactará a saúde do ambiente organizacional. Pessoas desalinhadas aos valores tendem a adoecer a empresa e vice-versa.

Utilizando a Avon[29] como exemplo, seus principais valores são:

- Confiança;
- Respeito;
- Crença;
- Humildade;
- Integridade.

---

[29] ÉTICA & compliance. Avon, 2021. Disponível em: https://www.avon.com.br/institucional/etica-e-compliance?sc=1. Acesso em: 14 nov. 2022.

O SUCESSO EM UM PROCESSO DE RECRUTAMENTO E SELEÇÃO ESTÁ NA EXCELÊNCIA DAS PERGUNTAS.

O exercício de criação das melhores perguntas para o manual se repete. O recrutador deve desenvolver perguntas cujas respostas permitam perceber se o candidato compactua com esses valores.

Para uma entrevista eficaz, o recrutador deve fazer esse exercício utilizando como base a descrição de cargos, a missão, a visão, os valores, a cultura, o código de ética, o manual de conduta e a especificidade comportamental da empresa. Agora é a sua vez de fazer isso com a sua empresa!

VALIDANDO AS RESPOSTAS

Após todas as perguntas de ordem técnica e comportamental classificadas no manual, e lembrando que a quantidade de perguntas é definida pelo recrutador, chegou o momento de descrever as melhores respostas, ou seja, o que se espera que o candidato responda e que não deixe dúvidas de que ele será a melhor escolha para o cargo.

Para isso, sugiro que se crie uma comissão composta pelo empresário, um profissional de RH, um líder e o melhor funcionário da empresa para que construam juntos quais seriam as melhores respostas que um candidato poderia dar a cada pergunta definida. Essas respostas devem compor o manual juntamente com as perguntas, pois após as entrevistas, esse manual será utilizado no momento da decisão final de seleção.

É importante que, durante o processo de entrevista, o recrutador esteja sempre acompanhado, pois precisará de auxílio para conduzir a etapa do processo. Juridicamente falando, por direitos de imagens e tudo mais, não é permitida a gravação das entrevistas, a menos que o candidato autorize. Se

6° PILAR – CONSTRUÇÃO DE UM MANUAL DE PERGUNTAS E RESPOSTAS

a autorização for concedida, essa fase do processo terá mais eficácia. Contudo, ter um acompanhante que esteja disposto a anotar as respostas dos candidatos garante mais agilidade e eficácia ao processo.

Realizada a entrevista e com todas as anotações em mãos, chegou o momento de validar cada uma das respostas. Como fazemos isso? Utilizando como base o manual em que constam as melhores respostas. O recrutador deve conferir a resposta dada pelo candidato e, assim, classificar cada uma delas em uma tabela. Ao criar essa tabela, o recrutador deve considerar as dicas importantes que foram dadas no capítulo 8.

Observe no exemplo a seguir que se deve anotar somente o tema por trás da pergunta, não necessariamente a pergunta toda, apenas aquilo a que ela remete. Aqui também podem estar classificada as perguntas técnicas.

CLASSIFICAÇÃO DAS RESPOSTAS					
PERGUNTAS/ NOTAS	PÉSSIMO	RUIM	REGULAR	BOM	ÓTIMO
	1	2	3	4	5
1 Trabalho em equipe	●				
2 Resolução de conflito			●		
3 Resiliência					●
4 Tomada de decisão		●			
5 Pergunta técnica					●

Após a classificação, some todas as notas. Dessa maneira, fica mais fácil analisar qual candidato chega mais perto do ideal definido para o cargo e para a empresa, levando em conta não somente as capacidades técnicas, mas também as competências sociais e emocionais que geram um impacto grande na organização.

Se o recrutador tiver dúvidas de que aquele candidato deve ou não ser contratado, pode pedir ajuda a um líder para que avalie e pontue as respostas. Assim, poderá confrontar a nova avaliação com a que já havia feito e tomar a decisão. Caso aconteça de o recrutador dar uma nota baixa e um líder avaliar o candidato com uma nota alta, convém chamar um terceiro gestor para que se repita o exercício e, assim, seja tomada a decisão. Não aconselho uma pessoa sozinha a realizar todo o processo e tomar a decisão de contratação. Quanto mais profissionais estiverem envolvidos na análise, maior será a assertividade.

Chegou a sua vez de desenvolver uma tabela de classificação de respostas dos seus candidatos. Você está pronto?

LEVE EM CONTA NÃO SOMENTE AS CAPACIDADES TÉCNICAS, MAS TAMBÉM AS COMPETÊNCIAS SOCIAIS E EMOCIONAIS QUE GERAM UM IMPACTO GRANDE NA ORGANIZAÇÃO.

Capítulo

10

7° PILAR – DEMISSÃO É UMA FERRAMENTA DE GESTÃO

O sétimo pilar do **Método Neurociência da Contratação®** trata de um assunto que, para muitos empresários, ainda é um grande desafio: demitir pessoas.

Muitos donos de negócios e líderes, em especial das pequenas e médias empresas familiares, têm muita resistência em demitir pessoas, uma vez que criam um vínculo de amizade com os colaboradores, colocando as emoções acima da gestão e do bom funcionamento da empresa. Comportar-se assim impacta negativamente não só os resultados, mas também outros colaboradores que investem de verdade no autodesenvolvimento e sentem-se desvalorizados.

A dificuldade com o processo de demissão é tão grande que alguns líderes chegam a terceirizar essa responsabilidade para os profissionais do RH. Contudo, preciso deixar bem claro: quem deve demitir um colaborador do time é o seu líder imediato.

A imaturidade por parte dos gestores, sejam eles empresários ou não, impede que entendam que demissão é uma ferramenta de gestão, e que é possível encontrar o equilíbrio entre ter respeito e empatia pelo funcionário que será dispensado, bem como pensar na performance do negócio.

A demissão de um profissional começa a ser construída, mesmo que de maneira inconsciente, a partir de uma contratação errada ou de uma liderança fraca.

A falta de habilidade do líder nesse processo acarreta um grande desgaste para a empresa e para o profissional recém-chegado. Uma liderança que se exime de estar presente na contratação, que não dá feedbacks precisos, conforme abordado no capítulo 2, acarreta na demissão tardia de um funcionário que muitas vezes poderia ser dispensado no período de experiência, causando mal-estar em todos os envolvidos.

Além da falta de coragem para demitir, percebo que muitos gestores ficam na dúvida se devem ou não dar mais chances ao colaborador, procrastinando cada vez mais esse processo.

Sabendo dessa dificuldade, e embora demitir funcionários seja factível em qualquer organização, desenvolvi uma ferramenta com o intuito de trazer essa tomada de decisão para o campo racional, de modo que o empresário possa ter certeza de que a demissão é ou não a melhor opção. A ferramenta permitirá perceber se a falta de performance é por limitações do colaborador ou se ele não teve o apoio necessário da gestão para ter o desempenho esperado.

A ferramenta a seguir tem como proposta ajudar o profissional que fará a dispensa, seja ele um líder, um profissional do RH ou mesmo um empresário, a estruturar esse processo desconfortável.

Como mencionado, a ferramenta auxilia em uma melhor tomada de decisão, pois segue um raciocínio lógico em cada passo, o que ajuda você a avaliar racionalmente, minimizando a influência do campo emocional. A seguir, explico mais a fundo cada um dos campos a ser preenchido:

ESTRUTURANDO A DEMISSÃO

A) Colaborador: informe o nome do colaborador, isso é importante para você avaliar o quanto está próximo desse funcionário;

B) Cargo: ao informar o cargo, você poderá refletir o quanto a posição é importante para a empresa;

C) Salário: informe o atual salário, isso fará você compreender o investimento que tem feito nesse funcionário;

D) Atividades-chave: descreva as atividades mais importantes que ele faz, isso mostrará a você se ele é fundamental para a organização, ou se outra pessoa poderia realizar essas tarefas;

E) **Recursos principais:** neste campo, escreva quem são as pessoas que dependem do trabalho realizado por ele. Esse ponto fará você repensar se essa demissão pode ou não ser imediata;

F) **Proposta de valor:** saber como as funções do cargo ajudam os demais profissionais é importante. Dependendo da rotina do funcionário, você terá de contratar outra pessoa e treiná-la antes de tirar do time quem vai demitir;

G) **Relacionamento com o cliente:** muitos profissionais criam vínculos de amizade com os clientes, e isso também é um problema de gestão. Neste campo, descreva quais são os impactos que a saída desse colaborador causará ao cliente;

H) **Substituição:** agora é o momento de você programar: como será a substituição desse funcionário? Contratará um profissional externo ou fará um processo interno? Isso envolverá custos, por isso a importância de se programar;

I) **Número de feedbacks:** quantos feedbacks foram dados para esse colaborador? Esse campo permite perceber se a responsabilidade pelo não resultado do funcionário é de uma liderança omissa em relação ao acompanhamento no desenvolvimento desse profissional. Muitos gestores declinam da demissão nesse passo da ferramenta;

J) **Participação em treinamentos:** outro ponto a questionar é de quais treinamentos esse colaborador participou. Tais treinamentos foram eficazes? Talvez aqui você também se surpreenda ao saber que o funcionário nunca foi treinado ou, quando muito, alguém do setor passou algumas informações para ele;

K) **Acompanhamento pós-treinamento:** quem acompanhou esse colaborador após os treinamentos? Essa é uma responsabilidade da liderança imediata. Se isso não foi feito, talvez seja melhor repensar a demissão;

L) **Avaliação de desempenho:** quem foi responsável por analisar a avaliação de desempenho e quais ações foram realizadas após a avaliação? Se a empresa não tem a prática de avaliar o desempenho de um colaborador, com base em qual método ela estrutura o processo de demissão?

M) **Tempo de empresa:** quanto tempo de empresa tem esse colaborador? Essa informação é de extrema importância, pois mostrará aqui a eficácia da gestão. Um profissional com anos de casa precisa ser acompanhado. Se o colaborar tem pouco tempo de casa, vale a pena rever se o processo de recrutamento e seleção foi eficaz e apurar o que houve;

N) **Tomada de decisão:** decidirá demitir? Depois de responder a todos os itens e refletir sobre eles, é o momento crucial de decidir: sim ou não;

O) **Ações futuras:** se sim, definir a data de demissão e dar andamento aos trâmites junto ao departamento pessoal. Se não, quais ações serão tomadas?

P) **Responsável:** quem é o responsável pela tomada de decisões?

7º PILAR – DEMISSÃO É UMA FERRAMENTA DE GESTÃO

Demissão

- **A** Colaborador
- **B** Cargo
- **C** Salário
- **D** Atividades-chave

- **E** Recursos principais
- **F** Propostas de valor
- **G** Relacionamento com o cliente
- **H** Substituição

- **I** Número de feedbacks
- **J** Quais treinamentos participou
- **K** Acompanhamento pós-treinamento
- **L** Avaliação de desempenho

- **M** Tempo de empresa
- **N** Tomada de decisão
- **O** Ações futuras
- **P** Responsável

Muitos profissionais de recrutamento e seleção, após aplicar essa ferramenta junto aos líderes de área, entendem que devem declinar do processo de demissão, pois percebem que foram negligentes com os colaboradores e optam por retomar os treinamentos e os feedbacks a fim de desenvolver esse colaborador para que ele volte a ter bom desempenho.

Entretanto, outros compreendem que devem, de fato, progredir com a demissão, pois ficou evidente que o colaborador está causando impactos negativos no negócio, ou que a saída dele não fará diferença significativa para a organização.

Agora é com você, leitor! Exercite essa atividade, avalie os casos de sua equipe!

A DEMISSÃO DE UM PROFISSIONAL COMEÇA A SER CONSTRUÍDA, MESMO QUE DE MANEIRA INCONSCIENTE, A PARTIR DE UMA CONTRATAÇÃO ERRADA OU DE UMA LIDERANÇA FRACA.

Capítulo

11

8° PILAR – EQUIPE ENGAJADA, EMPRESA COM RESULTADO

Chegamos, enfim, ao último pilar do **Método Neurociência da Contratação®**. É o momento de tratarmos dos funcionários que já estão trabalhando na empresa, mas não estão engajados. E a pergunta essencial é: o que faremos com eles?

Pois bem, a primeira coisa que precisamos compreender é o que faz um profissional se sentir engajado. E ainda antes disso: o que é engajamento?

No contexto organizacional, utilizamos a palavra engajamento para definir a relação de uma ou mais pessoas com uma causa. Essa causa geralmente está conectada com os resultados organizacionais a partir da missão, da visão, dos valores e da cultura da empresa. Engajar uma pessoa só é possível quando determinada causa faz sentido para ela. Novamente, voltamos ao início de todo o processo de recrutamento e seleção: por que essa pessoa foi escolhida para trabalhar na sua empresa e exercer essa atividade?

De maneira totalmente equivocada, muitos recrutadores fazem esse tipo de pergunta para o candidato: "Por que você gostaria de trabalhar aqui?" ou "Por que você acha que eu devo contratar você?". No entanto, a pergunta "Por que essa pessoa foi escolhida para trabalhar na sua empresa e exercer essa atividade?" deve ser respondida pelo recrutador, pois é ele que tem vivido pela "causa da empresa" e precisa detectar, no processo de recrutamento e seleção, se o candidato terá competência para atender a esse requisito.

Como um recrutador pode saber disso? Ao descobrir qual é o propósito de vida do candidato. Se o propósito de vida do candidato estiver conectado com o propósito da empresa, provavelmente ele será um profissional engajado. Por exemplo, uma pessoa que tem como premissa que a família é a maior instituição que existe, ao trabalhar em uma empresa cujo princípio é ajudar famílias, com certeza será engajada.

Como treinadora de líderes, recebo na minha caixa de e-mails inúmeras solicitações de orçamentos de empresas para que eu elabore uma proposta de trabalho para "engajar" a equipe. Contudo, não existe treinamento de engajamento!

Muitos profissionais não fazem ideia de qual é o próprio propósito de vida. Simplesmente trabalham para pagar as contas. Nesses casos, o líder tem uma grande oportunidade: ajudar esse profissional a construir um propósito de vida a partir dos propósitos da empresa. É isso que querem dizer muitos empresários quando afirmam: "Eu prefiro contratar quem não sabe nada, quem não tem vícios, assim eu posso 'moldar' esse funcionário de acordo com a empresa!". O "moldar" diz respeito a essa construção de propósitos.

Mas e aqueles profissionais que já têm anos de experiências, vieram de outros locais, e ainda apenas trabalham para pagar suas contas? Como engajá-los? Essa é uma dor comum em muitas empresas. De nada adianta implantar o **Método Neurociência da Contratação®** e dar início a contratações corretas se os colaboradores já existentes estiverem desalinhados.

Gosto muito da frase: "Não adianta trocar o peixe se não trocar a água do aquário". Foi pensando nisso que incluí no método mais esse pilar. Você precisa trocar a água do aquário! E trocar a água do aquário significa mudar a forma como faz a gestão de pessoas.

8º PILAR – EQUIPE ENGAJADA, EMPRESA COM RESULTADO

Como podemos resolver isso? O que fazer com funcionários não engajados, que são importantes para a empresa, mas que não aceitam mudanças? Demitimos a empresa toda? Essas são perguntas frequentes que escuto nas minhas consultorias, e talvez sejam também as suas.

A resposta é: não! Você não precisará demitir a empresa toda, mas alguns funcionários não se adaptarão a essa nova cultura que você está implantando, e esses precisão, sim, ser desligados.

Nova cultura? Sim! Quando você der início à implantação do **Método Neurociência da Contratação®**, começará a profissionalizar a sua gestão. Muitos colaboradores o apoiarão nesse processo; entretanto, os que não têm interesse nessa mudança vão se recusar a sair da zona de conforto, e você precisa estar preparado para isso. Alguns pedirão para sair, outros precisarão ser demitidos, e está tudo bem, faz parte da mudança!

Novamente, a decisão está na mão do empresário. É ele quem decide se a empresa subirá mais um nível ou permanecerá onde está, esperando o momento em que o mercado a engolirá.

Para engajar os colaborados da casa a esse novo momento da empresa, você deverá aplicar neles o **Método Neurociência da Contratação®**. Sim! Você deverá criar um processo de recrutamento e seleção com quem já está na casa e trabalhar todo o método, começando do 1º pilar – e é muito importante que faça isso, pois praticará a metodologia, com seus próprios colaboradores, e poderá ajustá-la de acordo com a realidade da sua empresa, caso seja necessário.

Mas preciso alertá-lo: ao iniciar essa "recontratação" com todos, você perceberá, agora com um olhar mais profissional, a quantidade de colaboradores que não contrataria, bem como os que estão contratados e engajados e você nem sabia. E a pergunta em sua cabeça deverá ser: *e o que eu faço com os que eu não contrataria?*

Nesse momento, você deverá fazer uma triagem mais apurada. Todos merecem uma chance, haja vista que anteriormente não havia uma gestão de acompanhamento na sua empresa, pois se houvesse, todos já estariam recontratados, correto?

O passo a passo neste processo é:

- Faça a descrição do cargo de cada colaborador desengajado;
- Analise se o que realmente está na descrição é o que cada profissional vem executando;
- Anote as atividades que não estão sendo realizadas e também as funções que cada profissional vem desempenhando e que não fazem parte do cargo;
- Chame-os para um feedback e apresente a descrição de cargos a fim de alinhar todas as atividades;
- Aplique uma avaliação de perfil comportamental para que você descubra qual é a melhor maneira de dar feedbacks e extrair o máximo de cada um;
- Aplique uma avaliação de performance para identificar quais competências lhes faltam;
- Entreviste-os, através de uma conversa, para descobrir se eles têm a especificidade comportamental necessária à empresa;
- Chame-os novamente para um feedback, dessa vez apresentando um plano de ação para desenvolver essas atividades. Apoie-se em uma ferramenta como o PDI do colaborador.
- Tenha um profissional do RH como seu parceiro nesse desafio.

A DECISÃO ESTÁ NA MÃO DO EMPRESÁRIO. É ELE QUEM DECIDE SE A EMPRESA SUBIRÁ MAIS UM NÍVEL OU PERMANECERÁ ONDE ESTÁ, ESPERANDO O MOMENTO EM QUE O MERCADO A ENGOLIRÁ.

Você perceberá que, nesse movimento em que as pessoas estão sendo tiradas da zona de conforto, as personalidades se afloram, pois geralmente o ser humano não gosta de mudança. Estar preparado para isso o ajudará no processo.

LIDANDO COM OS RESISTENTES

Ser resiste às mudanças é natural em um processo de aculturamento empresarial. Logo, eu preciso alertá-lo de que, ao chegar a essa etapa de desenvolvimento, quatro tipos de colaboradores se farão presentes:

1. **Os que estão engajados, mas não têm competências**: esses são os mais fáceis de lidar. Geralmente, eles possuem a especificidade comportamental da empresa, mas estão desalinhados com as competências que o cargo exige. Precisam apenas de feedbacks constantes, direcionamento e um mentor – o líder imediato – que acompanhe o seu desenvolvimento. Esses colaboradores darão resultados rápidos para a empresa.

2. **Os que não estão engajados, mas têm competência**: o grau de dificuldade com esses colaboradores é maior, pois eles geralmente são arrogantes. Na maioria das vezes, o empresário deixa claro que, se ele sair da empresa, causará um impacto nos negócios, e o profissional usa isso a seu favor. Nesse caso, o recrutador deve ter um papel de "vendedor", a fim de convencer o colaborador de que o projeto é bom e pode mudar sua carreira. Vale uma

observação importante: não negocie aumento de salário, pois o engajamento não está conectado com o dinheiro, e sim com o propósito de vida. Pode ser que esse colaborador se engaje, e a empresa passe a ter resultados extraordinários. Porém, por experiência própria, é comum que muitos não se engajem, e o empresário precisa estar preparado para substitui-los, e está tudo bem!

3. **Os que não tem noção do porquê trabalham na sua empresa:** o grau de dificuldade para lidar com esses colaboradores é mediano. Cabe uma conversa para alinhar expectativas, e afastá-los de profissionais avaliados como tóxicos e desengajados, visto que esse tipo de profissional é altamente influenciável. É importante que o feedback com eles seja estruturado com clareza, abordando o que a empresa espera deles. Construa um PDI em conjunto com esses profissionais, dê suporte e acompanhamento, e estabeleça metas. Se o desempenho não melhorar, demita-os.

4. **Os que não estão engajados e não tem competência:** esses são resultados das famosas contratações "emocionais". O recrutador se sensibilizou com a situação do candidato e o colocou em um cargo. Esse profissional não trabalha por propósitos, ele adentrou na empresa somente para solucionar um problema próprio, em geral financeiro. São pessoas que não são fiéis à organização e trocam de emprego baseadas apenas no salário. Esses profissionais

devem ser retirados do time, caso contrário o investimento será alto, haja vista que o empresário deverá custear treinamentos e, além disso, convencê-lo a viver o propósito da empresa.

Observe que o feedback nessa etapa do processo é extremamente importante, por isso, o responsável por esse acompanhamento precisa saber aplicar um feedback estruturado.

A seguir, vou apresentar a você uma ferramenta de feedback estruturado que adaptei e utilizo nas minhas consultorias e nos treinamentos de liderança que ministro, desenvolvida por um querido amigo e parceiro, William Ramalho, um grande gestor de projetos que, com seu brilhante conhecimento, contribuiu com a gestão estratégica de pessoas.

Essa ferramenta tem como objetivo fazer com que o feedback seja o mais profissional possível, não entrando em esferas emocionais nem rediscutindo erros, mas propondo soluções a partir de um processo de aprendizagem, levando o colaborador a refletir sobre o ocorrido, bem como ser coparticipante no seu processo de autodesenvolvimento.

Para ilustrar como você deverá utilizar essa ferramenta, apresento a seguir uma situação hipotética:

A Empresa XWZ Brasil Ltda é terceirizada do ramo de logística, e o seu maior business é o fechamento de contratos com indústrias do segmento de bebidas.

Nessa empresa, um profissional, devido a um péssimo atendimento, foi o responsável pela perda de um contrato milionário. Esse colaborador já trouxe bons resultados para a organização, mas, nos últimos meses, tem deixado a desejar e se comportado

8° PILAR – EQUIPE ENGAJADA, EMPRESA COM RESULTADO

de modo negligente. Como dar um feedback de alinhamento de performance para esse funcionário, que é alguém em quem ainda vale a pena investir?

Siga o passo a passo:

Esse tipo de feedback deve ocorrer com hora agendada e durar, no máximo, trinta minutos. Portanto, ao receber o candidato na sala, o responsável pelo feedback deve comunicar: "Teremos trinta minutos de conversa". O tempo é estratégico, pois a proposta não é transformar o feedback em um momento terapia, e sim de resolução de problemas e alinhamento de performance. Vamos lá?

1. **Anote *neste* campo o ocorrido:** *Perda de contrato milionário;*

2. **Comece reforçando os pontos fortes do colaborador:** *Quero lhe dar um feedback para parabenizá-lo pela sua disponibilidade e comprometimento ao ter ficado após o seu expediente para atender ao cliente "Fulano";*

3. **Coloque a data do ocorrido e o que aconteceu de positivo nessa situação:** *No dia 3 de outubro, o extravio da mercadoria impactou o funcionamento da fábrica do cliente, que ficou paralisada. Você se comprometeu e o ajudou a solucionar o problema;*

4. **Fale sobre o efeito dessa ação:** *Por você ter resolvido a vida dele nessa ocasião, recebemos um depoimento em vídeo do presidente da fábrica, que poderemos utilizar como prova social nas nossas redes, tendo a nosso favor um forte testemunho de um grande cliente;*

5. **Apresente o problema, coloque a data do ocorrido e o que aconteceu:** *Entretanto, na última sexta-feira, recebi um comunicado por parte da nossa ouvidoria informando*

que você atendeu de maneira rude o nosso maior cliente, XWZ Brasil;

6. **Fale sobre o efeito:** *Isso fez com que perdêssemos um contrato milionário;*

7. **Pontos a melhorar:** *Tenho visto que, nos últimos meses, temos recebidos diversos apontamentos da sua rispidez com clientes e até com seus colegas de trabalho. Analisando os números da sua avaliação de desempenho, percebemos que, depois que você assumiu o cargo de liderança, esse comportamento ficou mais exacerbado.* (Nesse momento você deve abrir espaço para ouvir o colaborador. Para seguirmos com o exercício, imagine que ele tenha lhe dito que não tem paciência com os colaboradores e com clientes que não têm a mesma velocidade que ele);

8. **Missão:** *Você sabe qual é a missão da nossa empresa?* (A ideia, nesse passo, é mostrar ao colaborador que os negócios não giram em torno dele, mas dependem do trabalho que ele foi contratado para realizar. Pode ser que ele saiba a missão, mas, se ele não responder, você já sabe que está na frente de um profissional desalinhado, e a responsabilidade disso é da liderança imediata);

9. **Visão:** *Você sabe qual é a visão da empresa?* (Com o mesmo objetivo do passo anterior, esse campo pretende compreender se o funcionário sabe aonde a empresa quer chegar. Se ele não souber, novamente você está na frente de um profissional desalinhado, e a responsabilidade disso é da liderança imediata);

10. **Valores:** *Você sabe quais são os valores da nossa empresa? Isso me preocupa um pouco, porque um dos valores*

8° PILAR – EQUIPE ENGAJADA, EMPRESA COM RESULTADO

da nossa empresa é equilíbrio emocional, e seu comportamento vai contra o que a nossa empresa valoriza;

11. **Plano de ação:** *Eu o chamei aqui porque me preocupo com você e com a sua reputação. Eu gostaria de ajudá-lo. O que posso fazer para auxiliar na sua busca por um maior equilíbrio emocional?* (É importante que o plano de ação seja construído pelo colaborador em conjunto com quem está dando o feedback. Assim, ele se torna corresponsável pelo próprio desenvolvimento profissional. Vamos imaginar que ele tenha solicitado passar por um treinamento de inteligência emocional e algumas mentorias para ajudá-lo no relacionamento interpessoal);

12. **Manutenção/Disseminação:** (Esse item é de responsabilidade de quem está aplicando o feedback, que deverá criar um cronograma de acompanhamento desse profissional, inclusive agendando próximos feedbacks);

13. **O que você espera da empresa:** *O que você espera da empresa?* (Esse passo é muito importante, porque quem está aplicando o feedback pode se surpreender com uma resposta como: "Eu gostaria de ser dispensado", ou "Eu gostaria de me tornar um diretor");

14. **O que a empresa espera de você:** (Quem está aplicando o feedback deve ter clareza para informar o que a empresa espera daquele profissional).

8 PILARES DA LIDERANÇA DE CRISTO

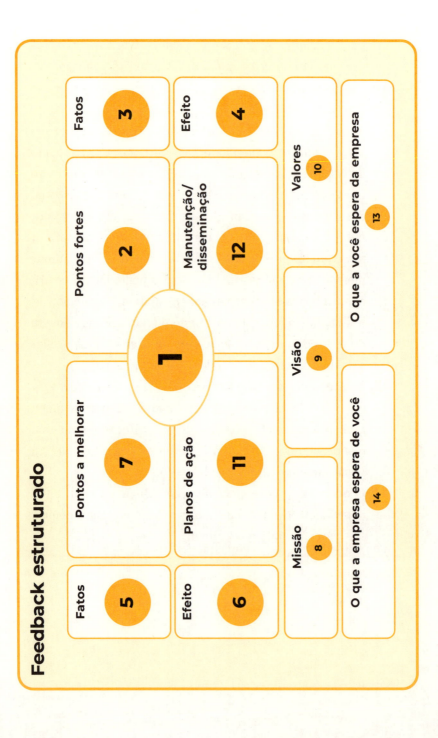

8° PILAR – EQUIPE ENGAJADA, EMPRESA COM RESULTADO

Durante todo esse processo de desenvolvimento e feedback constante – que não é simples, pois demanda acompanhamento por parte da liderança com o apoio de um profissional do RH –, atentar-se ao perfil comportamental desses candidatos ajudará no sucesso do trabalho.

Durante toda essa jornada de capacitação, em que receberá feedback constante acerca do seu desenvolvimento, um profissional Dominante (D) vai requerer uma comunicação direta e objetiva. Você terá mais sucesso se, na conversa, o fizer acreditar que ele poderia ser melhor do que já é. Inserir desafios para um Dominante (D) o motivará. Contudo, se você tirar a autonomia dele e o poder, ele se frustrará e poderá deixar o cargo.

Se o feedback for direcionado a um comunicador, ou Influente (I), a tendência é que, ao ter suas falhas apontadas, esse profissional se coloque em posição de vítima, e todos sabemos que vítimas não querem resolver problemas, vítimas querem aliados. Portanto, quem estiver conduzindo o processo deverá ter a maturidade de não se envolver emocionalmente, uma postura mais racional fará com que ele logo se recomponha e fique atento às determinações.

Ao se comunicar com um Estável (E), aquele tipo de profissional mais calmo, com ritmo constante, você verificará que a postura dele tende a ser mais individualista. Da mesma maneira que um Dominante (D), esse profissional tende a se sentir motivado com desafios maiores. Invista nisso, e terá resultados com esse perfil.

Já com os Conformes (C), profissionais mais analíticos, focados nos detalhes de uma situação, um feedback de sucesso é aquele em que ele não é exposto perante outros colegas de trabalho. A conversa com um profissional desse perfil deve ser individual, reservada e sigilosa. Por serem muito perfeccionistas, apresentam dificuldades em aceitar que erram. Dessa forma, não existe outra maneira de engajá-los se o feedback não tiver um conteúdo construtivo e estimulante.

COMO JESUS ENGAJOU SEU TIME?

De maneira brilhante, Jesus desenvolveu um roteiro lógico de processo de recrutamento e seleção com foco no engajamento de seu time a fim de perpetuar Seu legado.

O Mestre dos mestres investiu em capacitações técnicas, separando o time de dois em dois para irem a campo treinar, investiu nas questões neurológicas, mudando o mindset para que tudo fizesse sentido para eles, desenvolveu e aprimorou os comportamentos. Após esses ensinamentos, os apóstolos não desistiram, arrebanharam seguidores e morreram por um propósito.

Recapitulando: Jesus, como um gestor estratégico, seguiu, para selecionar um time e transformar pessoas comuns em apóstolos com comportamentos extraordinários, os seguintes passos:

1. Ele mesmo escolheu quem faria parte do Seu time, mas, antes disso, Jesus tinha uma particularidade: Ele orava[30] para ter certeza de que aquelas seriam as pessoas ideais.

---

30 "Num daqueles dias, Jesus saiu para o monte a fim de orar, e passou a noite orando a Deus. Ao amanhecer, chamou seus discípulos e escolheu doze deles, a quem também designou como apóstolos: Simão, a quem deu o nome de Pedro; seu irmão André; Tiago; João; Filipe; Bartolomeu; Mateus; Tomé; Tiago, filho de Alfeu; Simão, chamado zelote; Judas, filho de Tiago; e Judas Iscariotes, que veio a ser o traidor." (Lucas 6:12-16)

8° PILAR – EQUIPE ENGAJADA, EMPRESA COM RESULTADO

Como o projeto de Cristo era grandioso e necessitava de pessoas extremamente comprometidas e resilientes, Jesus se recolhia para pedir informações a seu Pai – Deus – e confirmar se estava escolhendo o melhor candidato, pois não tinha tempo para errar. E você? Quando se depara com o tamanho do seu projeto de empresa, qual prática utiliza para colher as informações sobre seus candidatos? Apenas entra em contato com as empresas pelas quais eles passaram?

2. Após ter a validação do Pai (Deus), Jesus os convidava a segui-Lo e, a partir daquele momento, dava início ao processo de aprendizagem e desenvolvimento. Ele pregava para os discípulos, testava seu nível de obediência e a credibilidade que tinha perante eles.

3. O Mestre começava a observar o comportamento[31] de cada um a cada conflito que enfrentavam, pois, pelas cidades em que passavam, muitos não aceitavam a Cristo.

4. Ele identificou o perfil comportamental de cada discípulo para distribuir um cargo específico para cada um,[32] de acordo com suas habilidades e competências;

5. Começou como líder, ensinando tudo sobre o Reino. O foco inicial de Jesus estava em mudar o mindset de

---

31 "Vivam entre os pagãos de maneira exemplar para que, naquilo em que eles os acusam de praticarem o mal, observem as boas obras que vocês praticam e glorifiquem a Deus no dia da sua intervenção." (I Pedro 2:12)

32 "Visto que Judas era o encarregado do dinheiro, alguns pensaram que Jesus estava lhe dizendo que comprasse o necessário para a festa, ou que desse algo aos pobres." (João 13:29)

todos para que se engajassem no propósito. Ele fazia isso escolhendo alguns para que assistissem seus milagres.[33]

6. Colocou o time em campo, separando-os em pares para que desenvolvessem habilidades práticas acerca do que fariam pelo resto de suas vidas;

7. Dava feedbacks constantes e os acompanhava em campo;

8. Embora existissem subgrupos dentro do time, após a temporada de caminhada aos pares, Jesus reunia todos para aprenderem a conviver em conjunto e fortalecer ainda mais a missão do reino. Precisava ter certeza de que, na sua ausência, o projeto continuaria até a eternidade, com todos engajados.

É importante salientar que o processo de mudança de mindset só acontece se o sujeito quiser. Isso fica claro se observarmos que, embora Judas tenha caminhado todo o tempo com Jesus, mesmo assim O traiu.

Nem todos farão parte do nosso destino. Teremos colaboradores que estarão presentes na empresa por determinados ciclos, e está tudo bem ser assim. Podemos aprender com isso. Não vamos sempre acertar em um processo de recrutamento e seleção, mas podemos minimizar os riscos, utilizando um método.

---

33 "Alta madrugada, Jesus dirigiu-se a eles, andando sobre o mar. Quando o viram andando sobre o mar, ficaram aterrorizados e disseram: 'É um fantasma!' E gritaram de medo. Mas Jesus imediatamente lhes disse: 'Coragem! Sou eu. Não tenham medo!'" (Mateus 14:25-27)

NÃO VAMOS SEMPRE ACERTAR EM UM PROCESSO DE RECRUTAMENTO E SELEÇÃO, MAS PODEMOS MINIMIZAR OS RISCOS UTILIZANDO UM MÉTODO.

Capítulo

12

O
SUCESSO

É um grande desafio para as empresas permanecerem competitivas no mercado, não só pelas questões de concorrência e tecnologia, como também por não encontrarem profissionais qualificados – mesmo levando em conta a multidão de pessoas desempregadas país afora.

Será que o mercado carece de pessoas competentes? Ou será que as empresas não estão atrativas o suficiente para despertar o desejo nos melhores profissionais? Será que os líderes têm credibilidade e reputação para atrair e formar times de alta performance?

E a área de recursos humanos? Dispõe de um método que identifica quem é a persona para trabalhar naquela função e quais ferramentas podem ser utilizadas no processo de recrutamento e seleção a fim de eliminar quem não tem o *fit cultural* antes da contratação?

E o modelo de gestão dessas empresas? Desenvolve pessoas? Ou as devolve para o mercado piores do que chegaram – muitas vezes até doentes?

Jesus, como um exemplo de líder, se fosse se apoiar em uma metodologia de trazer para o time somente os melhores, talvez estivesse até hoje anunciando vagas.

Penso que ficou claro para você que o que trará sucesso no processo de construção de uma empresa altamente lucrativa e formar times de alta performance é fazer uso de um método. Nesta obra, eu lhe apresentei o meu, **Neurociência da Contratação®**, para que, de uma vez por todas, você deixe de lidar com a área de RH contando com "tentativa e erro".

Com a bela mente cartesiana que tenho – embora me dedique à área de humanas, minha formação é na de exatas –, eu aprecio as obras que se concluem recapitulando os principais pontos abordados. Assim, é o que vou fazer a seguir, indicando que você, leitor, coloque em prática cada item.

Lembre-se: contratação não é feeling, contratação é método. Logo, atente-se a todos os pilares a seguir:

1. **Faça a descrição de todos os cargos da sua empresa.** Jamais comece qualquer processo seletivo sem ter em mãos a descrição de cargos. Você nunca será assertivo na entrevista se não souber o que investigar nas habilidades técnicas desse candidato para suportar toda a pressão que a vaga exige. Jesus só iniciou Sua jornada quando entendeu que precisava de um time e que cada um teria um tipo de atribuição;

2. **Defina a especificidade comportamental.** Se você não souber quem é a sua persona (colaborador ideal), ficará "caçando" candidatos em qualquer lugar, publicando vagas em redes sociais, ou pedindo indicações para terceiros. Essa especificidade tem um peso maior do que o próprio perfil da vaga. Lembra-se de Jesus? Cristo foi a campo analisar cada um dos candidatos para verificar se o comportamento deles estava adequado aos valores que Ele pregava, para só então "convidá-los" a segui-Lo.

3. **Análise do Perfil Comportamental.** Cada cargo exige um perfil de comportamento. Alguns precisam de líderes; outros, de mais comunicadores, enquanto outros precisam ser mais analíticos. Não basta ser eloquente

O SUCESSO

e falar muito bem na entrevista se o que o cargo exige é uma pessoa altamente focada e analítica. Não foi à toa que Jesus deu o maior cargo a Pedro, cujo perfil comportamental, bem como o temperamento, era o que necessitava para ocupar aquela vaga.

4. **Analise o modelo mental dos candidatos e dos seus funcionários.** Você terá uma empresa de sucesso se seus colaboradores pensarem dessa forma, e isso precisa ser identificado na entrevista. Profissionais com mentalidade fixa tendem a "remar contra", pouco contribuem e focam apenas os problemas. Entretanto, profissionais com mindset de crescimento sempre estão dispostos a aprender e, para cada crise, enxergam uma oportunidade. Isso está diretamente conectado com o perfil comportamental da pessoa. Não foi à toa que Jesus escolheu caminhar com pessoas com perfis "dominantes", visto que esse modelo mental está sempre pronto para enfrentar desafios e aguentar a pressão. Como afirma Provérbios 23:7: "assim como você *pensa* na sua alma, assim você *é*!".

5. **Análise das respostas dos candidatos.** Não faça da entrevista um jogo de perguntas e respostas. Chame os candidatos para um diálogo informal. Jesus fazia isso muito bem ao contar histórias para conhecer e treinar seu time.

6. **Construa um manual de contratação específico para sua empresa.** Ao se aportar disso, qualquer pessoa terá condições de contratar um profissional a partir dos valores e princípios da empresa. Depois da morte de Cristo e de sua ressurreição, o apóstolo Paulo deixou registrado em

cartas quais eram os critérios para se candidatar a fazer "parte do time" que levaria o evangelho mundo afora:

> É necessário, pois, que o bispo seja irrepreensível, marido de uma só mulher, temperante, sóbrio, prudente, respeitável, hospitaleiro e apto para ensinar; não deve ser apegado ao vinho, nem violento, mas sim amável, pacífico e não apegado ao dinheiro. Ele deve governar bem sua própria família, tendo os filhos sujeitos a ele, com toda a dignidade. Pois, se alguém não sabe governar sua própria família, como poderá cuidar da igreja de Deus? Não pode ser recém-convertido, para que não se ensoberbeça e caia na mesma condenação em que caiu o diabo. Também deve ter boa reputação perante os de fora, para que não caia em descrédito nem na cilada do diabo. (I Timóteo 3:2-7)

Acho que não preciso dizer mais nada, não é, leitor?

7. **Demissão é uma ferramenta de gestão!** Todos sabemos que demitir não é algo confortável de se fazer; entretanto, procrastinar uma demissão pode levar a empresa à ruína. Ter a inteligência de tirar do time pessoas que não têm bom desempenho é uma habilidade que todo líder deve ter. Contudo, a sabedoria de como conduzir isso é o que separa os "homens-líderes" dos "men;inos-líderes". Discernir em qual colaborador vale a pena investir antes de demitir é um conhecimento que necessita ser acompanhado de perto; caso contrário, o líder vai gerir o time a partir de feedbacks de terceiros. Jesus fez questão de investir em Pedro, mesmo ele o tendo traído por três vezes ao renegá-lo, e ao mesmo tempo não se preocupou em recuperar Judas. Cristo conhecia o coração de ambos, pois caminhava com eles. Da mesma maneira, um gestor só terá essa resposta se conhecer o seu time de perto.

O SUCESSO

8. Equipe engajada, empresa com resultado! Leitor, sua empresa só terá times engajados se seus líderes tiverem credibilidade e reputação. Veja bem, não se trata somente do que eles fazem "dentro da empresa", mas, sobretudo, do que fazem fora dela. Sim! O que a sua liderança faz fora da empresa importa muito, pois os líderes levam consigo, quase como um sobrenome, "o nome da sua marca". Ou você nunca percebeu que, em uma ligação telefônica, quase todos se identificam como: "Fulano, da empresa XYZ!". Jesus tinha credibilidade e reputação, por isso, arrastava multidões por onde passava.

A proposta do **Método Neurociência da Contratação®** é fornecer diversas ferramentas que auxiliem você, leitor, nas grandes decisões que tomará daqui para a frente em busca de uma alta performance em sua empresa.

O objetivo era deixar uma proposta de liderança baseada nos ensinamentos de Jesus para você, que está à frente de um time – e não importa se você é o dono da empresa, o líder, o profissional do RH, um dos funcionários do time, alguém que lidera um grupo de membros, ou se tem sido o líder apenas da sua própria casa.

Durante toda a jornada com Seu time, Jesus se comportou dessa maneira: aos fracos, Ele encorajava e dava força, mostrando que eram fortes! Aos fortes, mostrava o quanto eram vulneráveis e fracos. Aos pobres, Ele fazia que vissem a sua própria riqueza; e aos poderosos, Ele mostrava a inutilidade de suas fortunas. Isso é liderar. Isso é ser um líder de alta performance.

Que esta obra, que nasceu de maneira tão inesperada em uma conversa de restaurante e foi rascunhada em um guardanapo de papel, possa tocar o seu coração e transformar seus negócios.

A maior instituição se chama família. Quando ajudamos empresários a ter sucesso, ajudamos também famílias ao redor do mundo a ter sucesso.

Sucesso!

A PROPOSTA DO MÉTODO NEUROCIÊNCIA DA CONTRATAÇÃO® É FORNECER DIVERSAS FERRAMENTAS QUE AUXILIEM VOCÊ, LEITOR, NAS GRANDES DECISÕES QUE TOMARÁ DAQUI PARA A FRENTE EM BUSCA DE UMA ALTA PERFORMANCE EM SUA EMPRESA.

WWW.BELONWIZARD.COM.BR

Este livro foi impresso pela gráfica Plena Print em papel lux cream 70g/m² em novembro de 2024.